feront qui m'occupe. Puis, quand ils sont bien animés, j'écris sous leur dictée rapide, sûr qu'ils ne me tromperont pas [...]. Chacun y parle son langage : eh! que le dieu du naturel les préserve d'en parler d'autre!

(Préface du *Mariage de Figaro*)

ACTE III

– Un pâ...âté! Je sais ce que c'est.

ACTE Ier

– Ce tour-ci vaut l'autre.

ACTE II – *Je le tuerai,*

je le tuerai. Tuez-le donc, ce méchant Page.

ACTE IV – Il vous rend chaste

et pure aux mains de votre époux.

ACTE V

– Ah, qu'est-ce que je vois?

Jean-Pierre de Beaumarchais, normalien, agrégé de lettres, a publié dans la «Pochothèque» (LGF – Le Livre de Poche, 1999) le *Théâtre* de son ancêtre, auquel il a également consacré un dialogue dramatique, *Main droite, main gauche* (PUF, 1997) et de nombreux articles. Il a dirigé chez Bordas, avec Daniel Couty et Alain Rey, un *Dictionnaire des littératures de langue française* (prix Georges-Pompidou, 1984) ainsi qu'une *Anthologie* (1988) et un *Dictionnaire des œuvres littéraires* (1994) du même domaine. Il dirige, avec Daniel Couty, la collection «Etudes littéraires» des PUF.

1er dépôt légal : mars 1996
Dépôt légal : août 2004
Numéro d'édition : 78064
ISBN : 2-07-053357-3
Imprimé en France par Kapp

BEAUMARCHAIS
LE VOLTIGEUR DES LUMIÈRES

Jean-Pierre de Beaumarchais

DÉCOUVERTES GALLIMARD
LITTÉRATURES

Né tout juste vingt ans après Jean-Jacques Rousseau, un autre fils d'horloger allait à son tour faire parler de lui au siècle des Lumières. Mais si le Genevois, en quête d'un introuvable «état de nature», voulut remonter le temps, Beaumarchais n'en eut jamais assez pour accomplir les mille projets d'une prodigieuse carrière. «Il faut voir? Non, il faut faire» : cette formule qu'il prit un jour pour devise est bien la clé de toute son existence.

CHAPITRE PREMIER
DE L'ATELIER À LA COUR

Horlogerie et musique .. en deux ans ces deux bonnes fées transforment «Caron fils», jeune artisan doué mais obscur, en un homme de Cour, élégant et sûr de lui. Il a vingt-quatre ans et semble déjà, sous le pinceau de Nattier, le peintre de la famille royale, regarder de haut le chemin parcouru.

Caron fils, le bien-aimé

Il était une fois à Paris, une boutique aux «quatre vitrages», rue Saint-Denis... La vie de Beaumarchais commence comme un conte de fées, obscure et paisible. Il naît Pierre-Augustin Caron le 24 janvier I732, seul garçon parmi cinq filles, dont trois sont ses aînées. Heureux entourage : le père, André-Charles Caron, protestant converti, est un ancien dragon passé maître horloger. Il possède des connaissances scientifiques étendues, qui lui ont valu jadis d'être consulté par le gouverneur de Madrid sur le dragage des ports et rivières. S'y ajoute une culture littéraire éclectique, de Rabelais à Richardson, qu'il fera découvrir à son fils. Et comme une montre, au XVIIIe siècle, est presque un objet d'art, dont le boîtier s'orne souvent de pierres précieuses, d'émaux ou de petites scènes de genre, non seulement se croisent autour du comptoir des clients élégants, mais aussi des peintres, orfèvres et graveurs. Quant aux sœurs, qui adorent leur frère, elles font avec lui des vers, de la musique. Dans ce cocon familial que l'on imagine gai et charmant, il convient de distinguer Lisette,

De la grande horloge à poids, haute de deux mètres (à gauche), jusqu'à la petite montre-bijou enrichie de pierres précieuses (ci-dessous), on trouve tout rue Saint-Denis, chez André-Charles Caron... C'est là que le jeune Pierre-Augustin fait ses premières armes. Côté coulisses, on conçoit les modèles, on ajuste les pièces, on traite avec les fournisseurs : ébénistes, orfèvres ; côté scène, l'horloger présente ses trésors à une clientèle huppée. La rue de la Ferronnerie (en bas, à gauche), avec ses boutiques, n'était pas loin des «quatre vitrages» où officiait Caron fils, et où passa, un jour de 1755, une certaine Mme Franquet : une montre à réparer, bientôt un cœur à prendre.

plus tard modiste à Madrid avec l'une de ses sœurs – on les surnommera «las Caronas» –, et surtout Julie, la préférée de Beaumarchais, née quatre ans après son frère, dont elle allait prendre le nom et devenir, à l'occasion, une collaboratrice efficace.

Les études de Pierre-Augustin furent brèves. D'après Gudin de La Brenellerie, son futur biographe et ami, on l'envoya quelques années comme pensionnaire à l'Ecole d'Alfort, sur laquelle on ne sait rien. Puis il réintégra la boutique familiale dès ses treize ans – l'âge de Chérubin dans *Le Mariage de Figaro*. «Caron fils» apprend alors l'horlogerie.

Elève très doué, ses fredaines provoquent parfois les fureurs du père, suivies d'émouvantes réconciliations – nous sommes aussi au siècle de Greuze.

Son premier coup d'éclat

Pierre-Augustin n'a que vingt et un ans lorsqu'il invente un nouvel échappement pour les montres. Il faut entendre sous ce terme le dispositif régularisant la détente du ressort. De surcroît, son invention permet de réduire le volume du mouvement, et donc du boîtier. Imprudemment, il révèle sa découverte au célèbre horloger Lepaute, qui aussitôt se l'approprie. Mais «l'homme qu'on sait timide est dans la dépendance de tous les fripons», dira Figaro. «Caron fils» se démène, sollicite le ministre Saint-Florentin, écrit au *Mercure*, enfin adresse à l'Académie des sciences un *Mémoire* qui relate en détail les étapes de son travail, et démontre qu'à l'évidence il doit être considéré comme le seul inventeur du nouveau mécanisme. Triomphe : le 23 février 1754, l'Académie lui donne gain de cause. Dans ce premier «procès», qui sera suivi de bien d'autres, Beaumarchais montre déjà une étonnante clarté de raisonnement. Il sait aussi solliciter la sensibilité ou l'amour-propre de

CERTIFICAT
DE MONSIEUR LE SECRÉTAIRE
DE L'ACADEMIE ROYALE DES SCIENCES,
En faveur du nouvel échappement de Montres du Sieur Caron fils, Horloger à Paris.

MM. Camus & de Montigny qui avoient été nommés Commissaires dans la contestation mue entre les sieurs Caron & le Paute, au sujet d'un échappement dont ils se prétendoient tous deux inventeurs, & dont la décision a été renvoyée à l'Académie par M. le Comte de Saint-Florentin, en ayant fait leur rapport, l'Académie a jugé le 16 Février, que le sieur Caron doit être regardé comme le véritable auteur du nouvel échappement de montres, & que le sieur le Paute n'a fait qu'imiter cette invention; que l'échappement de pendule, présenté à l'Académie le 4 Août par le sieur le Paute, est une suite naturelle de l'échappement de montres du sieur Caron : que dans l'application aux pendules, cet échappement est inferieur à celui de Graham; mais qu'il est, dans les montres, le plus parfait qu'on y ait adapté, quoiqu'il soit en même tems le plus difficile à bien exécuter.

L'Académie a confirmé ce jugement dans ses assemblées des 20 & 23 Février : en foi de quoi j'ai délivré au sieur Caron le présent Certificat, avec la copie du Rapport, conformément à la délibération du 2 Mars. A Paris, ce 4 Mars 1754.

Signé Grand-Jean de Fouchy, Secrétaire perpétuel de l'Académie Royale des Sciences.

Tous les avantages sont détaillés dans le Mercure de france

En 1754, avec ce certificat de l'Académie des sciences (à gauche), «Caron fils» – la signature claque comme un communiqué de victoire – peut dire fièrement de son talent d'horloger, comme plus tard Beaumarchais de sa noblesse : «J'en ai la quittance.» Admirables montres Caron, où se marient les sciences et les arts ! Celle-ci, s'ouvrant comme une fleur, voile son mécanisme d'une fine résille d'or et de pierreries.

horloger

l'auditeur en l'impliquant personnellement – un talent qui sera comme sa marque de fabrique. Il n'oublie pas non plus l'opinion, utile adjuvant pour lutter contre les institutions ou les gloires établies : le *Mémoire* est publié en brochure au format de poche. Ainsi orchestré, son exploit fait de lui un jeune homme à la mode et lui ouvre le lieu de la fortune et de la gloire : la Cour. Le conte bleu se poursuit ; il n'y manque ni la fée – ce sera Mme de Pompadour –, ni le roi, ni même une princesse.

Le chaton de la Pompadour

Une lettre qu'il adresse au *Mercure* en 1755, où il joue les modestes et s'affirme «fixé à l'état d'horloger», révèle au public sa glorieuse clientèle : Mme de Pompadour, à laquelle il a présenté une montre sertie dans un chaton de bague, «la plus petite qui ait été faite», et le roi lui-même, pour qui il a confectionné une montre «plus plate qu'on en ait

Passer la bague au doigt d'une favorite royale : c'est l'exploit que réussit en 1754 Caron fils, frais émoulu de sa victoire sur Lepaute. La marquise de Pompadour (ci-dessus), l'inamovible maîtresse de Louis XV, protégeait les arts et les lettres. Le jeune horloger lui confectionna une «montre en bague» d'un centimètre de diamètre qui fut, dit-il, «fort admirée». Ce tour d'adresse technique et mondain lui mit définitivement le pied à l'étrier.

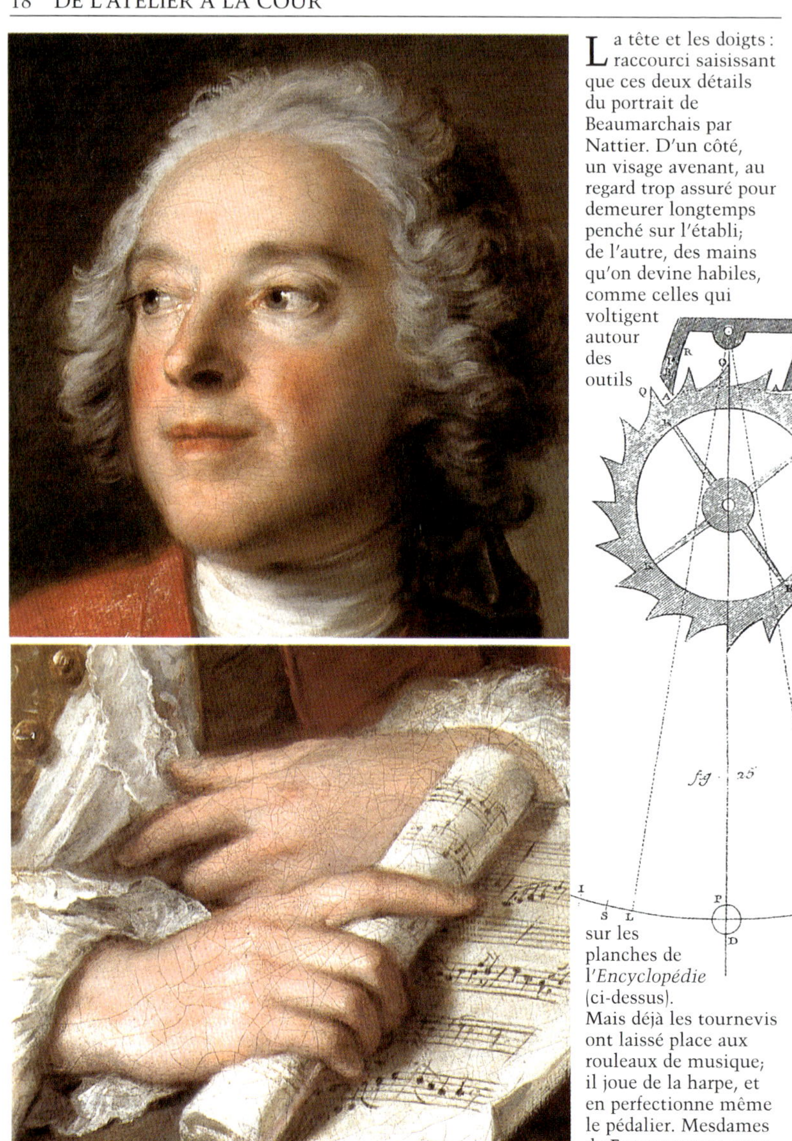

La tête et les doigts : raccourci saisissant que ces deux détails du portrait de Beaumarchais par Nattier. D'un côté, un visage avenant, au regard trop assuré pour demeurer longtemps penché sur l'établi; de l'autre, des mains qu'on devine habiles, comme celles qui voltigent autour des outils sur les planches de l'*Encyclopédie* (ci-dessus). Mais déjà les tournevis ont laissé place aux rouleaux de musique; il joue de la harpe, et en perfectionne même le pédalier. Mesdames de France auront pour maître beaucoup mieux qu'un amateur.

C'est par Madame Victoire, en réalisant pour elle une petite pendule, que Caron fils commença la conquête des filles de Louis XV, avant de devenir en 1759 leur maître de harpe. Quatre dames dont il fut l'amuseur attitré, mais sûrement pas un valet de cœur, comme on l'a parfois prétendu.

encore fait». Ces exploits lui permettent de se dire désormais Horloger du roi et attirent l'attention des grands seigneurs. Surcroît de travail dont il feint de se plaindre, car tous, dit-il, «suivent l'exemple du roi, et chacun voudrait être servi le premier».

Parmi ces pratiques, deux femmes, rencontrées l'une et l'autre à Versailles, vont encore accélérer son ascension. La première, de dix ans son aînée, séduite par sa bonne mine, est une certaine Mme Franquet, épouse d'un Contrôleur de la bouche. Elle obtient de son vieux mari qu'il cède sa charge à Pierre-Augustin. Par brevet du 9 novembre 1755, celui-ci acquiert le droit d'accompagner, l'épée au côté, la «viande de Sa Majesté». Un an plus tard, il épouse sa bienfaitrice opportunément devenue veuve. L'autre bonne fée n'est autre que Madame Victoire, l'une des filles de Louis XV, pour laquelle il réalise, toujours en 1755, une «petite pendule curieuse». Du coup, Mesdames, quatuor timide, dévot mais cultivé et influent auprès du roi, vont elles aussi bientôt le prendre sous leur protection. Signe visible de sa réussite, son portrait par Nattier, le peintre de la famille royale, en 1755. L'air conquérant dans son bel habit rouge, Pierre-Augustin ne tient pas à la main une montre, mais une partition de musique. L'artisan est devenu un homme de cour, qui dès 1756 ajoute à son nom celui d'une terre appartenant à son épouse. «Caron fils» est mort, vive Caron de Beaumarchais.

Selon une légende familiale, ce mouvement signé Caron servit de prototype pour la mise au point du fameux «échappement», et fit peut-être partie des pièces soumises par Caron fils à l'Académie des sciences.

De la Cour à la ville et même à l'Espagne, de la finance à la littérature, de la «parade» grivoise au drame larmoyant, il est partout, sur tous les terrains, séduisant, conquérant, irritant parfois. Et si la fortune ne sourit pas toujours à l'audacieux, qu'importe? Avec son entregent, sa gaieté, son énergie, Beaumarchais le sait : il est irrésistible.

CHAPITRE II

L'AMOUR DES LETTRES ET L'ESPRIT DES AFFAIRES

Heureuses rencontres, occasions vite saisies : l'Ecole militaire (à droite) lui sert à gagner les bonnes grâces du richissime financier Pâris-Duverney; les salons ou les scènes madrilènes lui présentent les premiers croquis de Figaro ou d'Almaviva (à gauche). Car, dans une existence vouée à l'argent et au monde, l'écriture trouve déjà sa place, mais dans sa pratique la moins solitaire, la plus sociale : le théâtre.

Ecoutez-moi, Mesdames

En 1759, Pierre-Augustin passe officiellement au service de Mesdames de France. Il est leur maître de harpe et l'ordonnateur de leurs concerts intimes, souvent donnés en présence du roi et de la reine. Mais ses élèves n'hésitent pas à l'envoyer courir Paris en quête d'instruments de musique, de partitions, et le malheureux factotum se plaint souvent à l'intendante de Mesdames qu'il se trouve «absolument sans le sol». Trop de faveur nuit : des courtisans jaloux lui rappellent crûment ses origines horlogères. Là encore, il refuse de se laisser humilier, et Gudin rapporte l'anecdote d'un seigneur lui tendant sa montre, que Beaumarchais, sèchement invité à la réparer, laissa tomber sur le sol en feignant la maladresse... On tente aussi de le discréditer auprès de Mesdames en le faisant passer pour un mauvais fils; afin de les détromper, il organise une adroite mise en scène : le vieux père Caron est convoqué d'urgence à Versailles, et sous leurs yeux

Dès ses premiers succès, Beaumarchais attira sur lui haines et calomnies. On chercha ainsi à le faire passer pour un fils indigne, voué, tel le héros de Greuze, à la *Malédiction paternelle* (ci-dessus), alors qu'il adorait sa famille. Affection que le vieux père Caron lui rendait bien, considérant le nouveau nom de Pierre-Augustin comme un signe de réussite et non pas, comme on aurait pu le croire, de reniement : «Mon cher Beaumarchais, mon honneur, ma gloire, ma couronne...», lui écrira-t-il en 1764.

émus, tombe dans les bras de son fils. Greuze, encore. Un jour de 1763, l'offense sera telle qu'il devra se battre, et tuera son adversaire; mais les officieuses princesses arrangeront l'affaire auprès du roi.

Des parades pour Etioles

Parallèlement à cette vie de Cour, Beaumarchais fait aussi son chemin dans le milieu de la haute finance. En 1757 ou 1758, il rencontre en effet le riche fermier général Charles Lenormant d'Etioles, époux complaisant de Mme de Pompadour. Celui-ci avait fait construire dans son château d'Etioles, près de Corbeil, un «théâtre de société» dont Beaumarchais devient, vers 1760, un des fournisseurs. Commence ainsi son apprentissage de l'écriture dramatique avec un genre mineur, mais pratiqué à l'époque par de bons écrivains, tels Piron, Collé, voire l'auteur

Côté cour, côté jardin. Alors même qu'il enseigne la harpe à Mesdames et organise pour elles des concerts privés semblables à celui-ci, Beaumarchais est un habitué d'Etioles (ci-dessous), le château de Charles Lenormant, fermier général et mari de Mme de Pompadour. Il compose pour Lenormant et ses amis, à partir de 1760, des «parades» plutôt polissonnes, dans une langue pseudo-populaire, et jouées sur le théâtre du château. Modèle du genre, son *Jean-Bête à la foire* : on y parle de «sesque», et même – n'écoutez pas, Mesdames! – du «sacrement d'fornication». Pourtant, certaines répliques de *Jean-Bête* passeront telles quelles dans le plus respectable *Barbier de Séville*.

de «comédies larmoyantes» Nivelle de La Chaussée : des parades érotiques et bouffonnes, écrites en une langue pseudo-populaire, que la bonne société jouait elle-même en privé. Parmi ces œuvrettes, *Léandre marchand d'agnus*, *Les Bottes de sept lieues*, et surtout *Jean-Bête à la foire*, qu'il donnera encore en 1772 sur la même scène. On y voit généralement un barbon, un galant, une ingénue plutôt délurée, et quelques comparses : *Le Barbier de Séville* (1775) reprendra, en le civilisant, ce trio fondamental. Plus étonnant, on retrouvera dans les manuscrits de ses grandes comédies un goût du néologisme, du jeu de mots, de l'allusion érotique appuyée qui les relie à cette strate fondamentale de son œuvre. Comme si la parade, loin d'être pour Beaumarchais un exercice de style, correspondait chez lui à un fond rabelaisien très intime, laborieusement édulcoré pour être adapté aux normes du bon genre – celui de la Comédie-Française – et à celles du grand public.

La fortune en courant

Aussi habile, et par des moyens bien différents, à distraire Mesdames et les invités de Lenormant, Beaumarchais découvre, en ce début des années 1760, l'importance stratégique de la position d'interface entre la Cour et la finance. L'exemple vient de haut : Pâris-Duverney, un des plus grands «manieurs d'argent» du siècle, fournisseur aux armées, protégé de Mme de Pompadour et… oncle de Lenormant. Duverney avait aussi compris – et là encore, la leçon ne sera pas perdue – qu'une fortune amassée à l'ombre du pouvoir politique devait se payer de quelques sacrifices à l'intérêt général. Comme le dira (ironiquement) Figaro à Almaviva dans

Le Barbier de Séville, «faire à la fois le bien public et particulier, chef-d'œuvre de morale en vérité, Monseigneur!»

Duverney avait donc subventionné la construction, sur le Champ-de-Mars, de l'Ecole militaire, destinée à former les jeunes officiers. Mais l'influence de Mme de Pompadour déclinant, le roi y montrait peu d'intérêt et l'établissement périclitait. Le financier passa un marché avec le maître de harpe de Mesdames, lui offrant «son cœur, son secours et son crédit» (Gudin) si les princesses visitaient l'Ecole. Elles y consentirent, furent somptueusement traitées, et Louis XV lui-même s'y rendit, le 18 août 1760. La partie était gagnée. Dès lors Duverney va devenir un second

père pour Beaumarchais. Il l'associe à ses affaires, lui avance en 1761 une partie de la somme nécessaire à l'achat de la charge anoblissante de Secrétaire du roi, et même, en 1762, de Grand-Maître des eaux et forêts. Mais cette fois «Caron fils» a visé trop haut, et les autres Grands-Maîtres font échouer l'opération. Il se rabat sur la charge de Lieutenant général

Grand financier, munitionnaire général des armées, Joseph Pâris-Duverney (1684-1770) fut, durant les dix dernières années de sa vie, le bon génie de Beaumarchais. Celui-ci, grâce au succès de la visite par Mesdames, puis par le roi, de l'Ecole militaire (à gauche) – enfant chérie de Duverney –, allait devenir son fondé de pouvoir sur les théâtres d'opérations les plus divers, de l'Espagne à la forêt de Chinon. Leur correspondance d'affaires était déguisée en billets doux, dans lesquels le vieillard était nommé «la Mignonne». Il prêta de l'argent à Beaumarchais pour acquérir la charge de Secrétaire du roi, et probablement aussi celle de «Lieutenant général des chasses de la capitainerie de la Varenne du Louvre» – et, à ce titre, défenseur des chasses royales (à gauche) contre les délits de braconnage.

des chasses – juge des braconniers du domaine royal – qu'il exercera jusqu'à la Révolution. Signe tangible de cette prospérité, il s'installe en 1763 avec toute sa famille dans une maison de trois étages, rue de Condé. Est-ce encore une opération financière qu'il a en vue lorsque, la même année, veuf de l'ex-Mme Franquet, il courtise la jeune créole Pauline Le Breton, propriétaire à Saint-Domingue? Il s'informe sur l'état de ses biens, hésite un peu trop longtemps, et Pauline finira par se marier ailleurs, laissant à Beaumarchais le souvenir nostalgique d'un prénom qu'on retrouvera dans ses pièces.

Despote éclairé, Charles III d'Espagne, roi de 1759 à 1788 (ci-dessous), voulait développer son pays grâce aux capitaux étrangers. Ceux de Duverney auraient pu faire l'affaire...

L'intermède espagnol

Les relations d'affaires entre Pâris-Duverney et son jeune fondé de pouvoir sont mal connues, les deux hommes communiquant entre eux par une correspondance chiffrée. On sait toutefois qu'ils furent associés, à partir de 1766, dans l'exploitation de la forêt de Chinon, source pour Beaumarchais de bien des déboires jusqu'à son retrait définitif en 1781. Mais auparavant prend place, de mai 1764 à mars 1765, un épisode décisif pour sa carrière d'écrivain, puisqu'en est sorti au moins le prologue du «roman de la famille Almaviva» : il s'agit de ce que Beaumarchais appellera «mon voyage d'Espagne». Au départ, ce n'est rien de plus qu'un voyage d'affaires où l'agent de Duverney est chargé par son patron d'apurer des comptes et de faire avancer un certain nombre de projets : l'irrigation de la sierra Morena, la fourniture de vivres aux troupes espagnoles, etc. C'est à quoi Beaumarchais utilisera le plus clair de son temps, brillant dans la bonne société madrilène grâce à son charme... et aux 160 000 francs remis par Duverney, fréquentant ministres et ambassadeurs, allant même jusqu'à proposer sa maîtresse, la marquise de La Croix, au roi Charles III.

A l'occasion, il s'occupe aussi des peines de cœur de Lisette, sa sœur établie à Madrid, délaissée par son amant le célèbre journaliste Clavijo, rédacteur du *Pensador*. Un mariage aiderait les affaires du frère, mais l'opération échoue et Lisette se rabat, toujours

sans succès, sur un parti moins reluisant : un négociant français nommé Durand, lequel, à défaut de devenir son beau-frère, restera pour Beaumarchais un ami fidèle. Amère déception, d'autant plus qu'il n'a vu aboutir aucun de ses mirifiques projets. La revanche viendra de la littérature. Car en 1774, lors de son procès contre Goëzman, il romancera le «voyage d'Espagne» en forme de récit pathétique : plus un mot de finances ou de mondanités, mais un frère vengeur courant à Madrid sauver l'honneur d'une malheureuse séduite et abandonnée... Surtout,

Berné par l'insaisissable Clavijo, déçu dans ses rêves de fortune – n'espérait-il pas devenir le munitionnaire des troupes espagnoles, «comme M. Duverney l'est en France»? –, Beaumarchais ne revint pourtant pas tout à fait bredouille de son séjour à Madrid. Courant de ministères en ambassades, il découvre certes la lenteur des «bureaux», le décourageant «*poco a poco* espagnol», mais noue des amitiés utiles pour l'avenir, notamment avec lord Rochford, qu'il retrouvera à Londres en 1775. Riche de l'argent de Duverney, il goûte à une vie mondaine où, enfin, on ne lui jette plus à la tête ses origines horlogères. Curieux de tout, il sait aussi ouvrir les yeux sur les scènes de rue, les débordements de la nuit de Noël, quand, dans telle église, «les moines dansent tous dans le chœur avec des castagnettes»; sur la passion du fandango, dont les «figures lascives» ne rebutent pas les duchesses ; sur un théâtre (à gauche) qu'il juge primitif, mais une musique qu'il adore, notamment ces intermèdes chantés «dont les Espagnols coupent les actes ennuyeux de leurs drames insipides».

ce long séjour lui révèle une culture qu'il ignorait, et qu'il découvre avec passion : son obscurantisme, certes – en Espagne, Voltaire est condamné pour «tous les ouvrages qu'il a faits», et «tous ceux qu'il fera par la suite» –, mais aussi son goût du théâtre, des chansons, des *tonadillas*, des *entremeses* (intermèdes), petites comédies dont les personnages principaux sont des sacristains galants et des barbiers entremetteurs. Il compose lui-même des séguedilles, et au XIXe siècle on lui attribuera une traduction des intermèdes de Cervantès! Moisson d'images, de types, de situations dont il saura bientôt tirer profit.

Créée à la Comédie-Française en 1767, mais en chantier depuis 1762, *Eugénie* fut la première pièce «avouée» de Beaumarchais qui jamais, en revanche, ne se vanta de ses parades.

EUGÉNIE,
DRAME
En cinq Actes en Prose,
ENRICHI DE FIGURES EN TAILLE-DOUCE;
avec
UN ESSAI
SUR LE DRAME SÉRIEUX.
Par M. de Beaumarchais.

Prix, 3 liv. broché.

A PARIS,
Chez Merlin, Libraire, rue de la Harpe, à S. Joseph.
M. DCC. LXVII.
avec approbation et privilège du Roi.

Les infortunes de la vertu

Pourtant, à son retour, décidé à réussir au théâtre – tout en feignant, par coquetterie, de n'y voir qu'un «délassement» –, il se tourne vers le drame, ce genre austère dont Diderot avait proposé la pratique et la théorie dans son *Fils naturel*, accompagné d'*Entretiens* (1757), et qui avait assez bien réussi avec *Le Philosophe sans le savoir* de Sedaine (1765). «Que me font à moi, sujet paisible d'un Etat monarchique du dix-huitième siècle, les Révolutions d'Athènes et de Rome ?», écrit Beaumarchais dans son *Essai sur le genre dramatique sérieux* (1767). Car c'est la société contemporaine qu'il faut peindre désormais, plus précisément la bourgeoisie à travers ses joies et ses peines, ses vertus familiales et ses «conditions» : l'artisan, le négociant. Le bourgeois n'est plus seulement matière à comédie, mais acquiert à son tour le privilège de susciter la pitié du public au spectacle de ses souffrances. Malheureusement, pris entre les exigences du réalisme et celles de la dramatisation, le «genre sérieux» ne parvient pas à inventer un véritable langage de crise. D'où ces déplorations bavardes et rhétoriques, qui aujourd'hui, les enjeux idéologiques du drame ayant disparu, le rendent difficilement supportable; d'où aussi l'importance allouée à la «pantomime», au «tableau», qui doivent à eux seuls frapper la sensibilité du spectateur sans qu'on ait «à peine besoin de parler» : Greuze, toujours. Mais cette esthétique du silence dissimule mal le vice congénital du genre.

Beaumarchais n'y échappe pas vraiment. *Eugénie*, drame créé en 1767 à la Comédie-Française, est rédigé dès 1762, à l'époque des parades d'Etioles. On y voit, comme dans *Jean-Bête à la foire*, une jeune fille enceinte sans être mariée, mais que la situation conduit ici au désespoir. Heureusement, l'aristocratique séducteur qui l'avait trompée par un faux mariage et s'apprêtait à épouser un beau parti, lui revient mué en pénitent prudhommesque, célébrant «la paix avec Eugénie [...] et l'estime des honnêtes gens». Car le drame n'est pas une tragédie, et doit s'achever par la rémission du coupable. «Le méchant est un mauvais calculateur»,

Dans sa brève carrière d'auteur «dramique», Beaumarchais fut moqué comme «singe de Diderot». Celui-ci avait effectivement illustré le genre nouveau en 1757 avec *Le Fils naturel* et ses *Entretiens*. Mais, aux yeux de Beaumarchais, l'important est peut-être moins la célébration des vertus «bourgeoises» que les innovations esthétiques apportées par le drame, et dont il se souviendra pour ses comédies : alternance de «tableaux» statiques et de vive «pantomime» (ci-contre), mélange du comique et du pathétique, prolifération des objets, allusions à peine voilées à l'actualité immédiate.

écrit d'Holbach dans *Le Système social* (1773), et l'on ne meurt pas pour une erreur de calcul. Ce siècle qui affirme la légitimité du plaisir en attend qu'il régénère la société, mais sans la détruire; la douleur, l'effroi d'Eugénie sont le prix à payer de son imprudence, non de sa faute.

La pièce connut un succès relatif, qui incita Beaumarchais à persévérer avec *Les Deux Amis* (1770), dont le héros, Mélac, détourne des fonds pour sauver de la cessation de paiement son ami le négociant Aurelly. Imprudence, là encore, que de trop sacrifier au plaisir, légitime mais en l'occurrence illégal, de l'amitié; et le «coupable», démasqué, sera pardonné. L'auteur, lui, ne s'en tira pas à si bon compte. La pièce fut copieusement moquée («C'est un change où l'argent circule / Sans produire aucun intérêt»), Beaumarchais accusé de prendre la défense d'un escroc du temps, l'abbé Grizel; par souci d'exactitude, il avait situé l'action de son drame à Lyon, où le commerce était soumis à des règles si rigoureuses qu'elles pouvaient mener à la faillite les négociants les plus honnêtes. Mais

LES
DEUX AMIS,
OU
LE NÉGOCIANT
DE LYON,
DRAME
EN CINQ ACTES EN PROSE;
Par M. DE BEAUMARCHAIS.
Représenté pour la première fois sur le Théâtre de la Comédie Françaiſe à Paris, le 13 Janvier 1770.

Qu'oppoſerez-vous aux faux jugemens, à l'injure, aux clameurs?
Rien.
Les deux Amis, Acte IV. Scene VII.

Le prix eſt de 36 ſols.

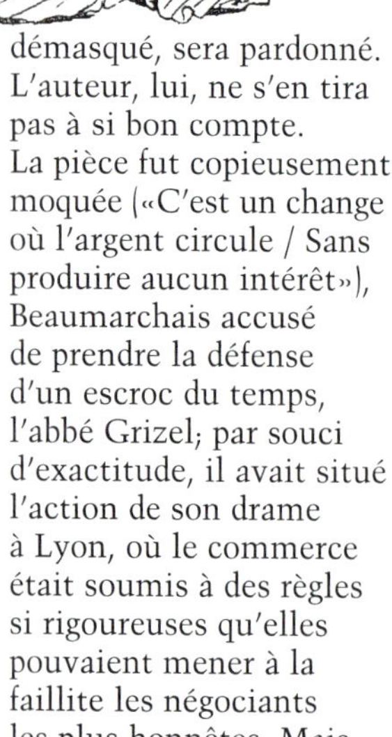

le public de la Comédie-Française, mal informé, était peu sensible à cet héroïsme bourgeois, et Beaumarchais sortit échaudé de l'aventure.

A tous égards, 1770 est à marquer pour lui d'une pierre noire, si l'on excepte sa rencontre avec Paul Gudin de La Brenellerie, qui restera jusqu'au bout l'ami des bons et des mauvais jours. A l'échec de l'écrivain s'ajoutent en effet les drames bien réels de sa vie privée. Le 17 juillet, il perd son protecteur Pâris-Duverney, qui meurt à l'âge de quatre-vingt-six ans; quatre mois plus tôt, les deux associés avaient signé un document fixant les droits de Beaumarchais sur la succession du financier. Mais cet «arrêté de compte», apparemment inattaquable, l'entraînera jusqu'en 1778 dans une infernale cascade de procès, dont l'affaire Goëzman. Le 20 novembre, il perd sa seconde femme, Geneviève Wattebled, ex-Mme Lévêque, épousée en 1768 – une riche veuve, encore une, mais dont la fortune est en viager. Il a un fils, Augustin, âgé de deux ans, mais qui mourra en 1772. Cette fois, le conte de fées est bel et bien terminé.

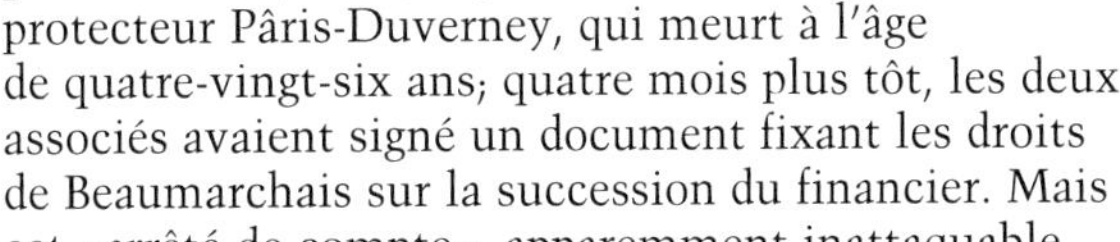

Serait-ce déjà la fin d'une carrière d'écrivain? *Les Deux Amis* furent éreintés par la critique. «M. de Beaumarchais est riche et fat; il dépense beaucoup pour paraître bel esprit», décréta Charles Collé. La pièce fut jugée mal construite, et ces financiers à genoux et la main sur le cœur firent sourire. Mais le sous-titre de la pièce, *Le Négociant de Lyon*, n'était pas sans importance. Car le public parisien ignorait sans doute la procédure complexe du «paiement» lyonnais. Des esprits malveillants virent même dans la pièce, à tort, une apologie des escrocs et des banqueroutiers. En peignant des «conditions» sociales plutôt que des caractères, le drame s'exposait ainsi à l'incompréhension des profanes, voire aux pires malentendus.

La naissance de Figaro

La carrière de l'affairiste et celle de l'écrivain, menées de front depuis le début des années 1760, échappent à toute narration linéaire tant leurs fils s'entrecroisent. Bien mieux, chacune d'elles est un véritable écheveau de projets menés de front, avortés, repris, souvent même contradictoires, au risque de donner de lui une image d'hypocrite ou de dilettante. Comme si l'action comptait plus que le résultat, le changement plus que la constance. A s'en tenir à son théâtre, la première *Eugénie* est contemporaine des parades, et après ses vertueux *Deux Amis*, il fait jouer ou rejouer à Etioles un *Jean-Bête* plutôt obscène. A son retour d'Espagne, en 1765, alors qu'il s'orientait vers une carrière d'auteur «sérieux», il rédige un «intermède imité de l'espagnol», *Le Sacristain*, probablement lui aussi représenté à Etioles, et qui constitue le premier ancêtre du *Barbier de Séville*.

On y trouve le trio classique, avec un vieillard impuissant qui s'appelle déjà Bartholo, époux d'une jeune femme nommée Pauline, comme Mlle Le Breton. Quant à l'amant, qui a pour véritable nom Lindor, il donne le jour des leçons de musique à Pauline, et la nuit terrorise le vieillard par un vacarme de cloches et de ferrailles qui «laisse enfin Pauline au sacristain». A quelques espagnolismes près, on reconnaît les types – mais non la langue – de la parade à l'italienne, Cassandre, Isabelle et Léandre. Puis, sur le même manuscrit, Beaumarchais reprend son texte, le moralise, l'enjeu de la pièce passant de l'adultère au mariage : Pauline devient Rosine, simple pupille d'un Bartholo amoureux, et Lindor le nom d'emprunt du «Comte» (sans plus de précision) qui veut l'épouser. Ce jeune seigneur a besoin d'un auxiliaire, et c'est ainsi que naît Figaro, barbier comme il se doit dans une pièce «imitée de l'espagnol». *Le Sacristain* comportait de nombreuses ariettes, et l'on conçoit que Beaumarchais ait voulu en faire un opéra-comique. Sous le titre du *Barbier de Séville* : le valet, dernier venu, s'empare désormais du rôle-titre.

Ils semblent si «français», Rosine et Lindor, ces amoureux à la Watteau du *Barbier de Séville*, confondant sans vraiment y croire caprice et passion (ci-dessus, *L'Amour au théâtre français*, par Watteau). Pourtant ils sont bien venus d'outre-Pyrénées, de ce *Sacristain* «imité de l'espagnol» où Beaumarchais pimenta de quelques traits de parade ses souvenirs madrilènes. En ce temps-là, Figaro n'est encore qu'un barbier-factotum et «fringueneur de guitare» (à gauche). Mais dès la transformation de son intermède en opéra-comique, l'auteur lui donne le rôle-titre : une étoile est née.

Un véritable nœud de vipères : Alexandre-Joseph Falcoz, comte de La Blache (1739-1802), maréchal de camp (ci-dessous), petit-neveu et légataire universel de Pâris-Duverney, vouait à Beaumarchais une haine féroce, le soupçonnant à juste titre de vouloir le spolier en favorisant un autre héritier potentiel, Pâris de Meyzieu. D'où son opiniâtreté à faire annuler le fameux «arrêté de compte» de 1770. Il ne s'avoua vaincu qu'après sept ans de procédure, sans compter l'affaire Goëzman où il appuya vigoureusement les adversaires de Beaumarchais, ce «monstre achevé», appelant la justice à «purger la société d'une espèce aussi venimeuse».

On ne connaît presque rien de ce premier *Barbier*, dont Gudin précise qu'il était «orné de couplets sur des airs espagnols», sans doute rapportés du voyage à Madrid. Il fut refusé par les Comédiens-Italiens en 1772, parce que, dit-on, le chanteur à qui était destiné le rôle de Figaro avait été barbier et ne souhaitait pas qu'on le lui rappelle. Qu'importe : Beaumarchais retaille sa pièce en forme de comédie. Elle est reçue à la Comédie-Française le 3 janvier 1773, malgré les réticences des acteurs devant le nombre encore élevé de parties chantées. L'écrivain relève la tête, mais une menace plane sur l'ancien associé de Duverney. Car le neveu et héritier du financier, le comte de La Blache, a décidé en 1771 d'attaquer l'arrêté de compte signé entre son oncle et Beaumarchais. Ce procès, où il risque sa fortune et son honneur, va en entraîner un autre, beaucoup plus redoutable : sombre ouverture pour dix années étincelantes qui le verront atteindre au sommet de son talent d'écrivain, tout en devenant l'aventurier de la politique et des affaires le plus extraordinaire de son siècle.

En dix ans, de 1773 à 1784, combien de vies Beaumarchais a-t-il vécues? Agent secret, munitionnaire des Américains, éditeur de Voltaire, et «quatre pages d'*et caetera*», l'écrivain trouve aussi le temps de donner trois chefs-d'œuvre, les *Mémoires contre Goëzman*, *Le Barbier de Séville* et surtout *Le Mariage de Figaro*, devenant l'idole d'une opinion publique déjà fébrile et d'une bonne société d'autant plus frondeuse qu'une révolution lui paraît impensable.

CHAPITRE III
UNE DÉCENNIE FABULEUSE

De la Comédie-Française au théâtre du monde, des intrigues pour rire aux opérations militaro-financières de la guerre d'Indépendance américaine (à gauche), Beaumarchais se bat alors sur tous les fronts. On le voit endosser, comme en se jouant, les rôles les plus variés, les plus difficiles parfois – mais il éprouve que «l'âme supérieure aux événements peut toujours jouir d'elle-même au milieu de ces tourbillons d'affaires, de plaisirs, d'intérêts qui se choquent, se heurtent et viennent se briser contre elle».

Quinze louis contre Louis XV

Aux termes de leur arrêté de compte, Duverney reconnaissait devoir à Beaumarchais «la somme de quinze mille livres», et s'engageait à lui en prêter 75 000 sans intérêt. A l'évidence, l'acte est authentique, mais La Blache, qui hérite de plusieurs millions, exècre l'ancien protégé de son oncle – «Je hais cet homme comme un amant aime sa maîtresse» – et entend lui faire chèrement payer le soutien qu'il avait apporté à un autre héritier potentiel du financier, Pâris de Meyzieu. La Blache est néanmoins débouté en première instance (février 1772), et au début de 1773 l'affaire vient en appel devant le Parlement de Paris. Alors, brusquement, le vent tourne.

Du 26 février au 8 mai 1773, Beaumarchais est enfermé au For-l'Evêque à la suite d'une rixe avec un aristocrate irascible, le duc de Chaulnes, son rival auprès de la jeune actrice Mlle Ménard. Au même moment, l'on instruit son procès, et le 6 avril, sur le rapport du juge Goëzman, l'arrêté de compte est déclaré nul. La Blache a gagné, et Beaumarchais, implicitement déclaré faussaire, se trouve ruiné. Mais il ne se laisse pas abattre, et l'affaire La Blache se transforme alors en affaire Goëzman. Car le juge, indûment, monnayait ses audiences, et le prisonnier du For-l'Evêque, autorisé à quelques sorties, lui avait remis cent louis et une montre afin d'être admis à lui expliquer sa cause. Y étaient joints quinze louis, destinés en principe au secrétaire, mais que l'épouse du juge avait retenus pour elle. Sitôt le verdict prononcé, les Goëzman avaient restitué les présents, mais gardé les quinze louis: somme infime, mais dont l'existence avérée attestait du reste. C'est sur ce fragile levier que Beaumarchais appuiera toute sa contre-attaque. Humilié, chassé de la rue de Condé, réfugié chez son beau-frère l'horloger Lépine,

Alors que le juge Goëzman n'était encore que son rapporteur dans le deuxième procès contre La Blache, Beaumarchais traversa un épisode orageux de ses relations avec l'aristocratie. Il partageait, incognito, les faveurs de la jeune actrice Mlle Ménard avec le duc de Chaulnes. Celui-ci, un véritable colosse justement peint en Hercule par Nattier (ci-dessus), l'apprit et décida de le tuer. Le 11 février 1773, il poursuivit son rival jusque chez lui; les deux hommes en vinrent aux mains, et Beaumarchais, le visage en sang, ayant lancé un coup de poing à son agresseur, s'attira la grandiose réplique: «Misérable, tu frappes un duc et pair !» Après cet esclandre, tous deux furent arrêtés, et Beaumarchais enfermé plus de deux mois à la prison du For-l'Evêque (à droite).

Les *Mémoires contre Goëzman* ont parfois le piquant de véritables croquis d'audience. Dans ce procès en corruption de juge où il risque les galères, Beaumarchais se transforme en spectateur de sa propre cause. Il prend par la main son lecteur – justiciable potentiel – pour le conduire derrière le décor d'un Palais de justice (ci-contre) où règnent d'inquiétants chats-fourrés (à gauche), et sait lui faire peur avec ce terrifiant interrogatoire du 22 décembre 1773, «toutes les chambres assemblées» dans la pénombre d'une salle «qui ressemble à un temple». Mais bientôt le ton change, et la comédie reprend ses droits.

il se plaint publiquement des pratiques de Goëzman, au point que celui-ci, en juin 1773, porte plainte contre lui pour imputations calomnieuses et tentative de corruption.

S'ouvre alors ce qu'il faut bien appeler un procès d'intention : les cent louis et la montre étaient-ils destinés à influer sur le verdict, ou simplement à acheter les audiences que le juge osait mettre à prix? Les faits, avérés de part et d'autre, ne prouvent rien; tout dépend de la moralité, donc de la réputation des deux parties. Sur ce terrain, Beaumarchais n'est pas, au départ, le mieux placé : «on a jugé l'homme et non la chose», pourra dire Goëzman, qui traîne son adversaire dans la boue, l'accusant même du meurtre de ses deux premières épouses. Pourtant, le «sieur Caron» – ainsi parle Mme Goëzman – comprend vite que son unique recours est l'opinion publique, seule force capable de faire pression sur le Parlement et d'éviter que celui-ci, juge et partie, ne se solidarise avec l'un de ses membres. Cette opinion, Beaumarchais saura tour à tour, dans quatre *Mémoires* successifs (septembre 1773-février 1774), l'intéresser, la distraire – ses confrontations avec la «dame aux quinze louis», rougissante et embarrassée, sont des chefs-d'œuvre de comédie –, l'apitoyer, la mobiliser enfin dans une affaire qu'il affirme être «celle de tous les citoyens». Car le Parlement qu'il a en face de lui est issu de la réforme conçue par le chancelier Maupeou en 1770, qui a créé de nouvelles juridictions encore mal assurées et dont les membres, recrutés à la va-vite, n'ont pas toujours les compétences requises…

Alternant exposés juridiques, dialogues, comptes rendus d'audiences mais aussi attaques personnelles contre Goëzman et ses acolytes – le censeur Marin, le romancier Baculard d'Arnaud, etc. –, les *Mémoires contre Goëzman* vont peu à peu s'arracher comme des romans à succès. Le plaideur, il est vrai, trouve souvent, aidé par sa sœur Julie, des pointes qui annoncent le meilleur Figaro. L'a-t-on «accusé» de n'être qu'un fils d'horloger? «J'avoue, réplique-t-il, que rien ne peut me laver du juste reproche […] d'être le fils de mon père. Mais je connais trop bien le prix du temps, qu'il m'apprit à mesurer, pour le perdre à relever de pareilles fadaises.» Lancé peu avant le jugement, le *Quatrième Mémoire* se vend à 6 000 exemplaires en quelques jours et lui vaut le ralliement de Voltaire, qui jusque-là soutenait

En 1770-1771, le chancelier de Maupeou (ci-dessus), voulant mater les Parlements, trop indépendants à son gré, et qui bloquaient toutes les tentatives de réformes, avait tiré prétexte de leur vénalité pour les remplacer par des magistrats salariés et nommés, donc plus dociles : malheureusement ces cours furent composées, écrit Gudin, de «jurisconsultes pris çà et là» : le président de Nicolaï, un ennemi de Beaumarchais, était un ancien colonel! La chute du chancelier, en 1774, suscita de nombreuses caricatures (en haut).

les nouveaux Parlements. Le récit romancé du «voyage d'Espagne» – heureuse Lisette, d'avoir un pareil frère! –, glissé dans les dernières pages et dont Goethe tira aussitôt son drame *Clavigo*, ainsi qu'une prosopopée bouffonne où le plaideur dialogue avec l'«Etre suprême» ajoutent une touche de sensibilité et de gaieté à l'image, jusque-là parfois inquiétante, d'un polémiste qui n'hésite pas à rendre coup pour coup. Condamné au «blâme» (perte des droits civiques) le 26 février 1774, Beaumarchais est néanmoins fêté dans tout Paris, notamment par le parti «patriote», dîne chez son ami le prince de Conti, grand pourfendeur de Maupeou. Un bonheur de plus : il vient de rencontrer une jeune femme d'origine suisse, Marie-Thérèse dite Thérèse de Willermaulaz, âgée de vingt et un ans, qui deviendra sa «ménagère», et, en 1786, sa troisième épouse – neuf ans

JUGEMENT

DU VINGT-SIX FÉVRIER

MIL SEPT CENT SOIXANTE-QUATORZE.

Comme dira Almaviva dans *Le Mariage de Figaro*, «au moins je suis vengé, cela soulage !» Le Parlement fit en effet chèrement payer à Beaumarchais le succès des *Mémoires contre Goëzman*. Mais le public réagit violemment au verdict de «blâme» (partagé avec Mme Goëzman), obligeant les magistrats à s'esquiver par les couloirs, tandis que le prince de Conti (à gauche) et le parti «patriote», adversaires politiques de Maupeou, fêtaient leur champion. «Je veux que vous veniez demain, écrit le prince à Beaumarchais, nous sommes d'assez bonne maison pour donner l'exemple à la France de la manière dont on doit traiter un grand citoyen tel que vous».

après la naissance de leur fille Eugénie. Mais dans cette tragi-comédie, les «méchants» auront aussi leur part : le juge Goëzman sera révoqué en mars; quant aux Parlements Maupeou, Louis XVI les supprimera en novembre, peu après son avènement. C'est là, du reste, ce qu'un plaisant avait prévu : «Louis XV a détruit le Parlement ancien, quinze louis détruiront le nouveau.»

Souvent trompée, mais jamais quittée, Marie Thérèse de Willermaulaz (1753-1816, à gauche), fut la troisième épouse de Beaumarchais. Le peintre Kymli l'a coiffée ici d'une superbe «quesaco» (voir p.107), et aurait représenté Beaumarchais en oiseau perché sur le dossier du fauteuil. Au début des années 1780, elle organisait pour lui des «dîners du samedi» où défilaient mondains et affairistes. «C'est son jour de récréation, écrit le bon Gudin à Thérèse, et je crois, mon amie, qu'il vaut mieux qu'il la prenne chez lui, sous vos yeux, que d'aller la chercher ailleurs.»

L'art de se mettre en quatre

Le Barbier de Séville avait évidemment souffert des mésaventures judiciaires de son auteur. Annoncée pour le carnaval de 1773, la pièce avait été ajournée, interdite; Beaumarchais lui-même souhaitait attendre des temps meilleurs. La première n'eut lieu que deux ans plus tard, le 23 février 1775. Impatiemment espéré, ce *Barbier* en cinq actes connut un échec complet, mais trois jours après, le 26, l'auteur s'étant «mis en quatre», remporta un triomphe. Miracle? Nullement : car Beaumarchais avait surchargé son texte de 1773 d'allusions à son procès – le misérable Bazile s'appelait désormais «don Gusman Colmaro», le juge Goëzman étant d'origine alsacienne –, d'épaisses scènes de farce

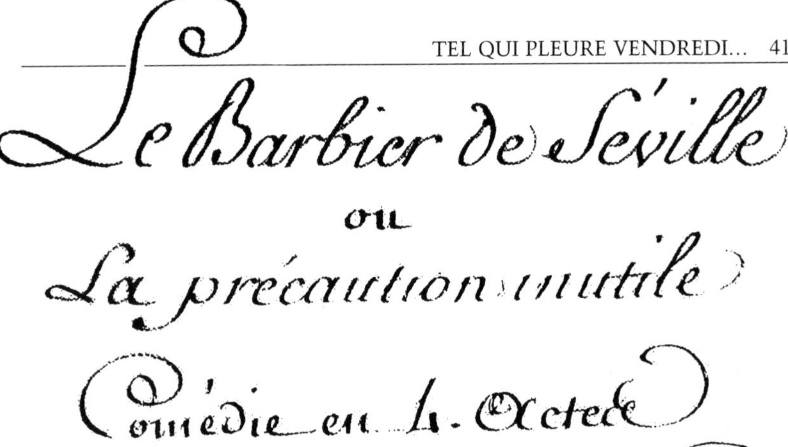

et de calembours qui sentaient trop la parade. Les comédiens se trouvaient, de surcroît, désorientés par un texte différent de celui qu'ils avaient travaillé. L'auteur revint donc, pour l'essentiel, à la première version en quatre actes : c'est elle qui triompha le 26 février, Beaumarchais conservant toutefois la célèbre tirade de la calomnie, réponse étincelante à Goëzman et *tutti quanti*.

Le *Barbier de Séville* – à gauche, la scène de la «Précaution inutile» à l'acte III – souffrit doublement de l'affaire Goëzman : d'abord la pièce fut ajournée, puis interdite; ensuite Beaumarchais avait eu la mauvaise idée, entre 1773 et 1775, de l'étirer en cinq actes en y glissant de lourdes scènes de farce. Il sut, en trois jours, se «[re]mettre en quatre».

Trois vedettes de la Comédie-Française assurèrent le succès du *Barbier* : on les voit ci-dessus dans la scène de la lettre (II, 14). De gauche à droite : Mlle Doligny, qui avait créé le rôle-titre d'*Eugénie* et la Pauline des *Deux Amis*; Bellecour, titulaire de l'emploi de séducteur (Almaviva); le gros Des Essarts (Bartholo). Figaro, le plus «espagnol» du groupe – un «habit de *majo*», une «rescille» sur la tête, demande l'auteur –, fut créé par Préville, et repris notamment, en 1809, par Thénard (au centre).

Ayant retrouvé son rythme et son efficacité dramatique, *Le Barbier* répond alors parfaitement à l'analyse qu'en propose sa préface, la «Lettre modérée» : «Un vieillard amoureux prétend épouser demain sa pupille; un jeune amant plus adroit le prévient et ce jour même en fait sa femme, à la barbe et dans la maison du tuteur.» Mais Beaumarchais n'a pas récrit *L'Ecole des femmes*. Alors qu'au dénouement l'Arnolphe de Molière «s'enfuit sans rien dire», le Bartholo du *Barbier*, lui, reconnaît sans trop se faire prier que chaque âge a ses plaisirs : il n'aura pas le corps de Rosine, mais «à la bonne heure, l'argent [lui] reste». Comme ses drames (à l'exception, notable, de *La Mère coupable*), les comédies de Beaumarchais veillent à la réinsertion finale du «méchant»; on doit simplement le remettre à sa place sans qu'il s'en trouve «avili», c'est-à-dire sans lui faire perdre la face : règle d'or de toute bonne négociation. Mais ce goût du compromis s'étend aux sentiments, qu'il marque d'ambiguïté. Qu'en sera-t-il, plus tard, du rêve d'amour et de liberté qui aujourd'hui pousse l'un vers l'autre Rosine et Almaviva, et leur souffle, avec l'aide narquoise de Figaro, les ruses les plus ingénieuses et les ariettes les plus tendres? «Ah, Lindor!», soupire Rosine à la fin de la pièce, donnant à Almaviva, pourtant alors démasqué, le nom sous lequel il l'avait conquise – comme si leur amour ne devait pas survivre à la situation qui l'avait fait naître.

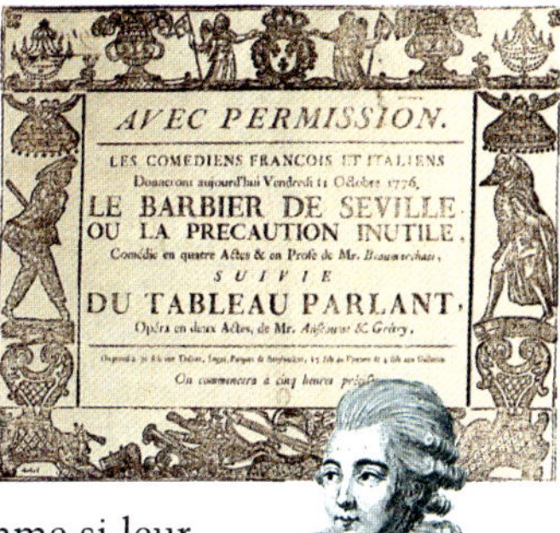
AVEC PERMISSION.
LES COMEDIENS FRANCOIS ET ITALIENS
Donneront aujourd'hui Vendredi 11 Octobre 1776,
LE BARBIER DE SEVILLE,
OU LA PRECAUTION INUTILE,
Comédie en quatre Actes & en Prose de Mr. Beaumarchais,
SUIVIE
DU TABLEAU PARLANT,
Opéra en deux Actes, de Mr. Anseaume & Grétry.
On commencera à cinq heures

C'est, du reste, ce que confirme la préface même du *Barbier*, où l'auteur nous apprend que, déjà, «Madame la Comtesse Almaviva» n'aime plus son mari... Le véritable ennemi, dans la vie, n'est pas un vieillard, ni un juge, ni un héritier abusif, mais l'usure du désir – de plaire, de vaincre – et la banalité des lendemains de fête. La suite du «roman de la famille Almaviva» le fera bien voir.

Postures et impostures d'un agent secret

Fêté mais toujours blâmé, Beaumarchais se trouvait, à l'issue de l'affaire Goëzman, en fâcheuse posture. Sans doute le verdict du 6 avril 1773 était-il annulé, et le procès contre La Blache renvoyé devant une autre juridiction; mais Goëzman était le protégé du ministre d'Aiguillon, et

Le beau Molé (ci-dessus) reprit en 1779 le rôle d'Almaviva. Cet éternel jeune premier fut aussi, en 1784, à 50 ans, le Comte du *Mariage de Figaro*. «Il n'existe pas de jeune homme qui se jette si bien aux genoux d'une femme», dira de lui Mlle Contat, en... 1800.

Beaumarchais devait se faire pardonner ses insolences à l'égard d'un Parlement créé par Louis XV. Il lui fallait surtout se faire absoudre d'une condamnation infamante, véritable mort civile, qui interdisait notamment d'exercer une fonction publique. Ironie du sort, c'est en servant son souverain, mais par la main gauche, qu'il allait parvenir à ses fins. Réfugié en Angleterre au printemps 1774, il commence en effet, grâce aux bons offices de son ami Laborde, premier Valet de chambre du roi, une nouvelle carrière : celle d'agent secret.

Sa première mission consiste à obtenir d'un gazetier établi à Londres, Théveneau de Morande, la destruction d'un pamphlet dirigé contre Mme Du Barry. Sitôt l'opération réussie, il rentre à Paris, espérant en toucher les dividendes : hélas, Louis XV vient de mourir, et la réputation de la favorite n'intéresse plus personne. Mais le nouveau roi n'est

Depuis Londres, terre de liberté – ici, Hannover Square –, nouvellistes et pamphlétaires pouvaient s'en donner à cœur joie sur les turpitudes françaises : on comprend que Beaumarchais, chargé par le roi de les faire taire, ait dû souvent y séjourner. C'est là aussi qu'il nouera en 1775 ses premiers contacts avec les Insurgents américains; en 1786, il s'y fera même construire une maison, au 6, Sloane Street.

pas à l'abri : un autre maître chanteur, Angelucci, *alias* Atkinson, se préparerait, toujours depuis Londres, à lancer un libelle sur la stérilité du couple royal. Commandité cette fois par Sartine, lieutenant de police (et futur ministre de la Marine), Beaumarchais repart en campagne en juillet, croit l'affaire réglée, mais le misérable s'enfuit, dans l'intention de faire imprimer le pamphlet sur le continent. S'ensuit une poursuite échevelée à travers l'Allemagne et l'Autriche, qui s'achève à Vienne au mois d'août : le valeureux chargé de mission, qui a pris pour nom de guerre M. de Ronac (anagramme de Caron), après avoir été attaqué, près de Neustadt, par de mystérieux brigands – Angelucci et un complice? –, va tout raconter à l'impératrice Marie-Thérèse et à son ministre Kaunitz... qui le font jeter en prison! Telle est du moins sa version des événements, destinée à le faire valoir auprès de ses employeurs. A la prison près, il y entre, à l'évidence, beaucoup de roman. Certains iront jusqu'à le soupçonner, sans doute à tort, d'avoir écrit lui-même le fameux pamphlet – dont on n'entendra plus jamais parler.

Sitôt *Le Barbier de Séville* créé et triomphant, Sartine lui fait néanmoins confier d'autres missions secrètes, preuve qu'en haut lieu on lui garde confiance. L'une d'elles, en avril 1775, le met aux prises avec le légendaire chevalier d'Eon, ci-devant capitaine de dragons et ancien agent de Louis XV. Il vivait à

D'une favorite à l'autre : en 1774, l'ancien protégé de la Pompadour se met en campagne pour arrêter les *Mémoires d'une femme publique*, pamphlet de Théveneau de Morande contre la Du Barry (à gauche). Si Louis XV mourut trop tôt pour reconnaître ses bons offices, Beaumarchais sut faire du «braconnier» Morande un «bon garde-chasse» : d'abord son espion en Angleterre, puis, en 1784, le rédacteur en chef de «son» journal officieux, *Le Courier de l'Europe.*

Quand Louis XVI fit libérer «M. de Ronac», Marie-Antoinette confia à sa mère l'impératrice Marie-Thérèse d'Autriche (ci-dessus) : «Le roi regarde cet homme comme un fou, malgré son esprit, et je crois qu'il a raison.»

Londres et se faisait passer pour une femme, probablement pour des raisons de haute politique liées à ses activités antérieures dans le «secret du roi». Il n'avait pas, lui, de pamphlet à vendre, mais une correspondance diplomatique explosive pour les relations franco-anglaises. Négociation difficile : d'Eon est rusé, retors, apitoie Beaumarchais convaincu de se trouver effectivement en face d'une «faible femme» – qui parvient même à le séduire! Pourtant, en novembre, l'accord est conclu et les documents sont restitués contre une forte somme. D'Eon rentrera en France deux ans plus tard, toujours «chevalière», et furieux contre ce «Caron, carillon» qu'il accusera de l'avoir dupé.

Cette fois, pour Beaumarchais, soutenu par les ministres Sartine et Maurepas, le compte est bon : les politiques, le public sont avec lui, et le 6 septembre 1776 l'ancien Parlement restauré annule le blâme prononcé deux ans plus tôt. Ainsi lui est rendu «l'honneur qu'en attendant le retour de l'ordre il avait confié en dépôt à l'opinion publique», déclare noblement l'avocat Target, qui connaissait bien son client. Mais le «déblâmé» n'en a pas fini avec la justice : le procès contre La Blache reste toujours à trancher. Ce sera chose faite le 21 juillet 1778 devant le parlement d'Aix-en-Provence, après qu'il eut gratifié ses juges – et son public – de deux nouveaux mémoires, *La Réponse ingénue* et *Le Tartare à la légion*. Une fois de plus, le raisonnement s'y mêle d'humour et d'indignation : «Combien êtes-vous, messieurs, à m'attaquer? Quatre, cinq, six, dix, une légion! Comptons!» Beaumarchais a gagné, et les Aixois lui font fête. Parmi ses admiratrices, une certaine Mlle Ninon, que certains ont identifié à Amélie Houret, la grande passion de ses dernières

La croix de Saint Louis piquée sur son corsage, le légendaire chevalier d'Eon (ci-dessus), alors âgé de quarante-huit ans, fut pour Beaumarchais un adversaire coriace, mais qui lui donna l'occasion de se faire valoir auprès de Vergennes, le ministre des Affaires étrangères de Louis XVI.

Réponse en marge.

Points essentiels que je Suplie Monsieur Le Comte de Vergennes de présenter a la décision du Roi avant mon départ pour Londres. ce 13 Xbre 1775. pour etre répondus en marge

province seulement.

Le Roi accorde-t-il a la Dlle D'Eon, la permission de porter la croix de St Louis sur ses habits de femme?

oui.

pour qu'elle les vende.

Sa Majesté approuve-t-elle la gratification de deux mille ecus que j'ai passée a cette dlle pour son trousseau de fille, et lui laisse-t-elle la disposition entière, dans ce cas, de tous ses habillemens virils?

Comme ces graces doivent etre Subordonnées a de certaines dispositions d'esprit, auxquelles je désire soumettre pour toujours la Dlle D'Eon; Sa Majesté

du contenu de leur paquet
…te de Broglie, en raisonnant avec moi
est tombé d'accord qu'en l'Etat où sont
…terre, il peut devenir excessivement dangereux
…y laisser D'eon et la correspondance
Roi.
Caron de Beaumarchais

années. Mais, en 1778, visiblement, la succession de Duverney appartient déjà pour lui au passé. Car il est alors engagé dans une entreprise gigantesque, dont l'enjeu se chiffre par millions : l'aide aux «Insurgents» américains.

Beaumarchais lui-même devait ignorer le sexe de d'Eon. Que doit faire la «demoiselle» de ses «habillements virils»?, demande-t-il à Louis XVI (ci-dessus). «Il faut qu'il les rende», répond le roi, qui corrige son «il» en «elle», mais le point sur le «i» n'a pas disparu…

Beaumarchais, l'Américain

La carrière de l'agent secret ne s'était pas achevée, en effet, avec Angelucci et d'Eon. En 1775, à Londres, Beaumarchais avait pris contact avec Arthur Lee, député secret des colonies américaines, déjà en conflit ouvert avec l'Angleterre. N'est-ce pas l'intérêt de la France que de soutenir financièrement leur «violent désir de liberté»? Patriotisme, Lumières et sans doute bonnes affaires sous la forme de contreparties en denrées coloniales : voilà Beaumarchais dans sa sphère. Mais il ne peut agir seul : avec la menace de guerre, qui mettrait un sou dans une entreprise aussi risquée? L'Etat, bien sûr. Car seul le Trésor public, comme

Vergennes (ci-contre), ministre des Affaires étrangères depuis 1774, voyait dans le soutien aux Insurgents l'occasion d'une revanche sur l'Angleterre après le désastreux traité de Paris (1763). Mais la France, en 1776, n'était pas en état de mener une guerre ouverte : économique et discrète, l'aide en sous-main proposée par Beaumarchais lui semblait, au moins provisoirement, la meilleure solution.

on sait, ne se soucie guère des retours sur investissements. Encore faut-il convaincre Louis XVI et Vergennes, ministre des Affaires étrangères. Beaumarchais leur adresse, en rafales, lettres et mémoires solidement argumentés : la France doit se venger des humiliations de la guerre de Sept Ans (1756-1763), qui lui a coûté les Indes et le Canada; surtout, si les Anglais perdent leurs colonies américaines, ils seront tentés de se dédommager en s'emparant des Antilles françaises : on doit par conséquent, le plus longtemps possible, retenir leurs troupes sur le continent. Bref, «il faut aider les Américains», mais discrètement. Car Beaumarchais sait aussi que Vergennes ne veut pas d'une guerre ouverte avec l'Angleterre. Il se propose donc pour être l'«habile homme» qui s'en chargera – sans compromettre son gouvernement.

Pendant les années 1776-1778, et même au-delà malgré l'entrée en guerre officielle de la France, Beaumarchais accomplit au service des Insurgents un travail de titan. On le voit courir les arsenaux, équiper une flotte – elle comptera jusqu'à quarante vaisseaux –, acheminer et stocker armes et fournitures dans les ports de Nantes, Le Havre, Lorient ou Brest (page de gauche), «port de guerre» où «les mouvements de munitions sont plus naturels», écrit-il à Vergennes (9 juin 1777). Car l'ambassadeur de George III, lord Stormont, lance des espions à ses trousses… Mais Beaumarchais, alias «Roderigue Hortalez», ne se contente pas d'équiper les Insurgents : il aide aussi ceux, Steuben, La Fayette, qui vont se battre à leurs côtés – rejoints en 1780 par les 6000 hommes du corps expéditionnaire (ci-contre) de Rochambeau.

Marché conclu : le 10 juin 1776, Vergennes remet à Beaumarchais un million de francs, suivi un mois plus tard d'un autre million versé par l'Espagne. Ainsi, la pompe est amorcée, et l'opération, ensuite, s'autofinancera grâce aux «retours» espérés. A nouvelle mission secrète, nouveau pseudonyme : à M. de Ronac succède maintenant Roderigue Hortalez et Cie, sis à Paris, à l'hôtel des Ambassadeurs de Hollande, un bel hôtel particulier du Marais. Canons, fusils, poudre, équipements : Beaumarchais court les ports et les arsenaux, arme une flotte de commerce protégée par un vieux vaisseau de ligne qu'il rebaptise Le Fier Roderigue et qui sera gravement endommagé en 1779 à la bataille de l'île de

la Grenade. Il prête de l'argent à La Fayette, mobilise l'opinion française avec *Le Courier* [sic] *de l'Europe*, un journal londonien acquis aux Insurgents, qu'il subventionne et fait distribuer à Paris, échafaude les plans les plus abracadabrants, telle l'ouverture d'un second front aux Indes grâce à une alliance militaire entre les Insurgents et Hayder Ali, nabab de Mysore... Les Anglais le font espionner, se plaignent à Versailles; des concurrents lui mettent des bâtons dans les roues; rien ne l'arrête, et c'est en partie grâce à ses envois de poudre que les Insurgents remportent à Saratoga leur première grande victoire (17 octobre 1777). Mais les Américains se montrent mauvais payeurs, prétendant que ses fournitures sont en réalité des

Roderigue Hortalez dans ses meubles : l'hôtel des Ambassadeurs de Hollande, et un somptueux bureau à cylindre (ci-dessus), dont la marqueterie reproduit la page de titre d'un de ses opuscules antianglais.

dons du gouvernement français, alors que sa mise de fonds est très supérieure aux subventions qu'il a reçues. Soutenu par Silas Deane, premier représentant des Insurgents à Paris, il a contre lui Arthur Lee et Benjamin Franklin, arrivé en France à la fin de 1776. Les «retours» se font attendre, et Vergennes, au printemps 1777, renfloue Roderigue Hortalez en lui versant un million supplémentaire. A partir de l'entrée en guerre officielle de la France, le 13 mars 1778, il n'est plus qu'un négociant parmi d'autres, notamment Le Ray de Chaumont qui deviendra, à partir de 1780, le principal munitionnaire des Américains. «De tous les Français, dira Beaumarchais un jour, je suis celui qui ai fait le plus pour la liberté de l'Amérique.»

Le vaillant armateur connut bien des déboires. Certes, en janvier 1779, le président du Congrès américain, John Jay (à gauche), l'assure de l'«estime d'une république naissante», mais cinq mois plus tard le paye en monnaie de singe (voir p. 93). Quant à son vaisseau de ligne, *Le Fier Roderigue*, réquisitionné en juillet par l'amiral d'Estaing, il reçoit quatre-vingts boulets à la bataille de la Grenade (ci-dessus).

La victoire de Saratoga (ci-dessus), remportée par les Insurgents sur l'Anglais Burgoyne, dut beaucoup à la poudre à canon envoyée par Beaumarchais. Curieux épilogue : Burgoyne, à son retour, alla s'expliquer devant la Chambre des Communes; le huis clos fut décidé, mais à la demande de Wilkes, chef de l'opposition, le grand acteur Garrick fut autorisé à rester, au motif que les orateurs de la Chambre «lui devaient leur talent», et qu'«en sa qualité de leur maître, il avait bien le droit d'assister comme juge à leurs combats». Admirable modestie, ou comble de l'humour anglais?

Aujourd'hui, les historiens en conviennent. Au moment crucial de leur combat, il a évité aux Insurgents d'être écrasés. Soutien désintéressé? Assurément non. Fut-ce pour lui une bonne affaire? Probablement pas non plus. Car les «Républicains» américains ne sont pas les Brutus qu'il imagine, mais d'habiles hommes d'affaires qui acquittent leur créancier avec des lettres de change sans valeur, dont il tentera jusqu'à son dernier jour d'obtenir le règlement. En attendant, le gouvernement français acceptera de combler une partie de son déficit en 1786, en lui versant de confortables «dommages de guerre».

Le «bien public et particulier»

Invraisemblable vitalité. C'est le même homme qui, dans le même temps, vole au secours des Insurgents, gagne son procès contre La Blache, écrit *Le Mariage de Figaro*, se partage entre Thérèse de Willermaulaz, la «ménagère», et de nombreuses maîtresses, parmi lesquelles l'ardente Mme de Godeville. Mais ce n'est pas encore assez. Peut-être pour éponger ses pertes d'Amérique, il se lance, à partir de 1776, dans une incroyable série d'opérations en tous genres, et qui, pour la plupart, illustrent à nouveau la «morale» de Figaro: faire à la fois le «bien public et particulier». Le discret agent secret est aussi un homme des Lumières, qui entend bien le faire savoir. Et à l'occasion, il ressortira l'arme qui lui a tant servi contre Goëzman : l'appel à l'opinion. Par dizaines, lettres, mémoires, rapports, articles aux journaux – notamment à l'officieux *Courier de l'Europe* – vont sortir de sa plume sur les sujets les plus variés.

Premier adversaire, dès la fin de 1775: la Comédie-Française, qui cherche à faire «tomber dans les règles» Le Barbier de Séville. Règles iniques: si la recette descendait au-dessous de 800 livres en été ou de 1200 en hiver, la pièce devenait la propriété des Comédiens, dispensés dès lors de verser des droits d'auteur. Si souvent homme de lettres dans ses opérations financières, Beaumarchais écrivain se comporte ici en homme d'affaires, prudent et obstiné. Contre ces puissants adversaires, soutenus par la Cour, il se trouve des alliés: ses confrères dramaturges, avec lesquels il a si peu frayé jusque-là. Il les choie, apaise leurs vanités, et parvient enfin à les constituer en véritable groupe de pression : la Société des Auteurs dramatiques, créée le 3 juillet 1777, réunit vingt-trois membres, avec à leur tête Beaumarchais et comme

La Société des Auteurs dramatiques tient toujours ses séances sous le buste de son fondateur. Tout commença par un très confraternel dîner à l'hôtel des Ambassadeurs de Hollande (ci-dessus). Mais bientôt les rivalités, les craintes, les intérêts divergents affaiblirent le camp des auteurs contre celui, toujours uni, des comédiens. De fait, la Société n'arriva véritablement à ses fins qu'en 1791, avec le décret sur la propriété littéraire.

vice-présidents Marmontel, Saurin et Sedaine. Diderot soutient de plus loin ce qu'il nomme avec à-propos l'«*insurgence* des poètes dramatiques». La bataille s'engage, arbitrée par Duras et Richelieu, protecteurs de la Comédie. En avril 1780, un accord semble être trouvé, mais la situation se dégrade bientôt. Beaumarchais, de son côté, après avoir rédigé un *Compte Rendu de l'affaire des auteurs dramatiques* (août), suivi d'un arrêt du Conseil d'Etat qui ne satisfait personne (décembre), souhaite l'apaisement pour ne pas compromettre son *Mariage de Figaro*. La Société des Auteurs, malgré quelques sursauts, entre en demi-sommeil; elle n'en sortira qu'en 1791, avec le décret de la Constituante sur la propriété littéraire (13 janvier), que suivront deux nouveaux mémoires de Beaumarchais, un *Rapport aux auteurs* sur le problème des frais de représentation des Comédiens et une pétition à l'Assemblée dénonçant les abus commis par les théâtres de province.

Editer Voltaire

Mais la chicane théâtrale ne suffit pas à occuper les loisirs de Roderigue Hortalez. En 1779, en pleine querelle des auteurs, Beaumarchais se lance dans une nouvelle aventure : l'édition des œuvres complètes de Voltaire, mort l'année précédente, et dont il achète les manuscrits à l'éditeur Panckoucke. Entreprise «philosophique», certes, mais destinée aussi à rentabiliser un investissement antérieur dans l'imprimerie : toujours le «bien particulier»... En décembre 1780, il installe les presses de la «Société littéraire typographique», dont il est l'unique actionnaire, au fort de Kehl,

Sainte Vierge! s'écria-t-elle qu'allons nous devenir? un homme tué chez moi!
Candide Chap. 9

OEUVR
COMPLET
DE
VOLTAI
SOIXANTE-D
DE L'IMPRIMERIE DE LA SOCIÉT
TYPOGRAPHIQUE
1789.

En juin 1785, coup sur coup, «le Voltaire» est condamné par le clergé, et interdit par le Conseil du Roi.

de l'autre côté du Rhin: Ferney allemand dont le seigneur, le margrave de Bade, se révélera plutôt accommodant. L'ambition est élevée : réaliser un produit scientifiquement irréprochable, en éditions de luxe et de grande diffusion. Où trouve-t-on les plus beaux caractères, le plus beau papier ? En Angleterre. Malgré la guerre, il achète les uns à John Baskerville, l'autre à Woodmason, avant d'avoir ses propres papeteries dans les Vosges. On s'en offusque ? La réponse est prête : «Je fais profession publique d'estimer les Anglais, ce qui ne change rien à mes sentiments politiques.» Plus tard, Fréron, l'éternel ennemi de Voltaire, protestera: on imprime «le Voltaire avec plus de luxe que l'Evangile!» Quant à l'édition, elle suit un principe étonnamment moderne: tout retenir de l'œuvre, y compris la correspondance, sans éliminer d'éventuels minores ni corriger le texte – sinon quelques lettres, pour des raisons de prudence politique. Condorcet, disciple du maître, se charge de l'annotation. Selon le grand voltairiste René Pomeau, «son édition s'affirme la meilleure qu'il était possible de publier vers 1780».

Ces collections de soixante-dix volumes, qui commencent à sortir à la fin de 1783, doivent maintenant trouver des acheteurs. Un prospectus a été lancé en 1781, *Le Courier de l'Europe* rameute la clientèle, mais le parti antivoltairien se réveille, tonnant contre la «forge d'impiété» de Kehl, et les souscriptions rentrent mal. Lorsque la publication s'achèvera, en 1789, seulement 2 500 collections auront été souscrites, pour 5 000 espérées. L'affaire se soldera donc par un désastre, même si entre-temps la Société littéraire typographique a enrichi son catalogue des *Œuvres complètes* de Rousseau,

L'EXISTENCE
REFLECHIE,
OU
COUP D'OEIL MORAL
SUR LE PRIX DE LA VIE.

DE L'IMPRIMERIE DE LA SOCIÉTÉ
LITTÉRAIRE-TYPOGRAPHIQUE;
Et se trouve à Paris,
Chez BELIN, Libraire, rue Saint-Jacques.
DESENNE, Libraire, au Palais-Royal.
1784.

De Kehl ne sortit pas seulement un *Voltaire* somptueusement illustré, mais aussi... la très édifiante *Existence réfléchie* par Julie de Beaumarchais. Voltaire (ci-dessous, par Pigalle) et les Insurgents : théâtre mis à part, ce furent les deux grandes fiertés de Beaumarchais, sa part glorieuse – certainement pas la plus profitable – du combat des Lumières : «Et moi aussi j'ai aimé ce grand homme, et j'ai dépensé trois millions pour lui élever un monument superbe» (au prince Youssoupov, 1791).

des *Caractères* de La Bruyère et de… *L'Existence réfléchie*, recueil de piété par Julie de Beaumarchais, la sœur préférée. Enfin, véritable base arrière lors de la bataille du *Mariage de Figaro*, Kehl servira à Beaumarchais, en 1785, à doubler l'édition de Paris au cas où celle-ci aurait été saisie, ou interdite.

Désaltérer Paris

Troisième escapade, mi-philanthropique, mi-financière, de Roderigue Hortalez : les Eaux de Paris, compagnie créée par les frères Périer, dans laquelle il prend des intérêts en 1781 avant d'en devenir bientôt l'actionnaire principal. Une «pompe à feu», installée sur la colline de Chaillot, élevait l'eau de la Seine pour la distribuer dans la ville par un système de conduites. «Bien public», là encore, mais qui une fois de plus tournera mal. On voit enfin Beaumarchais, toujours en marge des affaires d'Amérique, batailler pour les causes les plus diverses, généreuses comme la défense des négociants protestants de Bordeaux (*Observations d'un citoyen*, 1779), ou simplement intéressées comme des spéculations immobilières à Paris, en association avec le clan Choiseul auquel il est lié depuis l'époque de Duverney… Décennie véritablement prodigieuse, couronnée par *Le Mariage de Figaro*. Mais le plus grand succès théâtral du siècle fut d'abord l'enjeu d'une bataille politique, menée de main de maître.

Charmante «folie» flanquée de deux grosses chaudières, la «pompe à feu» de Chaillot (ci-dessus), permettait d'élever l'eau de la Seine sur la colline du même nom. Beaumarchais allait devenir en 1782 l'actionnaire principal de la compagnie exploitante, les Eaux de Paris. Service public, profits privés et… satisfaction patriotique d'avoir «surpassé les Anglais» : l'affaire avait tout pour lui plaire.

Le triomphe de Figaro

Quand le second volet du «roman de la famille Almaviva» fut-il achevé? La préface du *Barbier de Séville*, en 1775, évoquait déjà la distension du lien conjugal entre le Comte et la Comtesse, «vivant comme un ange avec son mari, quoiqu'elle ne l'aime plus», et Beaumarchais prétendra, en 1785, avoir fait approuver sa pièce par le très frondeur prince de Conti, mort en 1776. Affirmation sans preuves, et sans doute non dénuée d'arrière-pensées. Quoi qu'il en soit, la date de 1778 paraît la plus probable. Pendant trois ans, pour diverses raisons – affaires d'Amérique, tension avec les comédiens?–, la pièce demeure en portefeuille, et n'est reçue à la Comédie-Française qu'en septembre 1781. Commence alors une longue bataille de deux ans et demi. Les péripéties en sont bien connues. Un premier état du texte truffé d'allusions satiriques à la réalité française, jugées inacceptables par Louis XVI («Il faudrait détruire la Bastille pour que la représentation de cette pièce ne fût pas une inconséquence dangereuse», propos rapportés par Mme Campan); des répliques quelque peu édulcorées, notamment sur les conseils de Sedaine; entre 1781 et 1784, six censeurs successifs et, pour finir, un «tribunal de décence et de goût» formé d'écrivains et de ministres; une campagne de lectures dans les salons avec un manuscrit orné de rubans roses et prudemment nommé «Opuscule comique»; l'occasion manquée, le 13 juin 1783, d'une

Amuser tout en rassurant: la bataille du *Mariage de Figaro* démontre une fois de plus la maîtrise de Beaumarchais dans le maniement de l'opinion. Devant l'hostilité de Louis XVI, il entreprend, en 1782, de se trouver des alliés par une campagne de lectures dans les salons, où il arbore un manuscrit modestement titré «Opuscule comique», dont les rubans roses deviennent bientôt légendaires (ci-dessous). Parmi ses auditeurs : la princesse de Lamballe, le grand-duc de Russie, futur Paul Ier, la maréchale de Richelieu, qui réunit pour lui un parterre de prélats... Ainsi se constitue en sa faveur un groupe de pression qui ajoute à ses maints privilèges celui, exquis, d'être informé avant les autres.

Demain, la soixante-seizieme Représentation

DE LA FOLLE JOURNÉE,
OU LE MARIAGE DE FIGARO

Comédie nouvelle en cinq Actes, avec un Divertissement.

représentation au théâtre des Menus-Plaisirs, interdite le jour même par le roi; la première «privée» au château de Gennevilliers devant le comte d'Artois, grâce au comte de Vaudreuil, aristocrate éclairé et ami de Chamfort, le 26 septembre; enfin la première publique à la Comédie-Française, le 27 avril 1784, dans un déchaînement de passions et d'enthousiasme, «des cordons bleus confondus dans la foule, se coudoyant, se pressant avec les Savoyards», et Beaumarchais savourant son triomphe dans une loge grillée. Une série d'incidents et d'opérations publicitaires viennent entretenir le succès : des épigrammes haineuses pleuvent dans la salle, les recettes de la cinquantième sont consacrées à aider les mères nourrices... *Le Mariage de Figaro* sera joué soixante-sept fois durant la seule année 1784, contre vingt-sept représentations seulement pour *Le Barbier* en 1775.

Reste un dernier combat, celui de l'édition, d'autant plus urgent que les contrefaçons se multiplient : plus d'une soixantaine en 1784 seulement. Une préface faussement modeste répondra aux contradicteurs, et pour plus de sûreté la pièce sera imprimée simultanément, comme on l'a vu, à Paris et à Kehl. De fait, la polémique fait rage. Dans son mandement pour le Carême de 1785, l'archevêque de Paris, Mgr de Juigné, autorise les œufs aux fidèles, mais leur interdit *Le Mariage de Figaro*. Une réplique imprudente de Beaumarchais à Suard, l'un de ses censeurs et ennemis, où il se plaint des «lions

Qui l'eût cru ? En mars 1785, Louis XVI se reconnut dans un mot malheureux de Beaumarchais sur les «lions et tigres», naguère acharnés contre *Le Mariage de Figaro*. Sa réaction fut brutale : au dos d'une carte à jouer, il griffonna l'ordre de mener l'insolent à la prison de Saint-Lazare (à droite). Beaumarchais conduit sous les verrous (ci-dessus) pouvait s'exclamer «Voilà où nous conduit l'aristocratie.»

et tigres» attachés à sa perte, et le roi se croit visé : le 8 mars 1785, le trublion est enfermé à Saint-Lazare, la prison des débauchés. Emotion, scandale. Beaumarchais crie à l'arbitraire, demande un procès en bonne et due forme. On le libère au bout de cinq jours, et l'édition est autorisée le mois suivant. Nouvel épilogue, nouveau triomphe : *Le Mariage* est repris le 18 août devant tous les ministres; le lendemain, *Le Barbier* est donné à Trianon, et la reine joue Rosine. Car, paradoxalement, dans ses tribulations d'auteur, le «révolutionnaire» Beaumarchais aura compté parmi ses meilleurs soutiens Marie-Antoinette et le comte d'Artois, futur Charles X. Ironie du destin, inconséquence des privilégiés? De toute façon, en 1785, la prise de la Bastille n'est-elle pas encore à des années-lumière?

Comme celle du *Barbier*, la préface du *Mariage* s'emploie à banaliser et dédramatiser «la plus badine des intrigues» : «Un grand seigneur espagnol, amoureux d'une jeune fille qu'il veut séduire, et les efforts que cette fiancée, celui qu'elle doit épouser, et la femme du seigneur réunissent pour faire échouer dans son dessein un maître absolu que son rang, sa fortune et sa prodigalité rendent tout-puissant pour l'accomplir.» Au délitement annoncé du couple Almaviva s'ajoute en effet la rupture entre le maître et le valet, jadis alliés et maintenant rivaux. Occasion pour Beaumarchais de faire entrer dans sa pièce

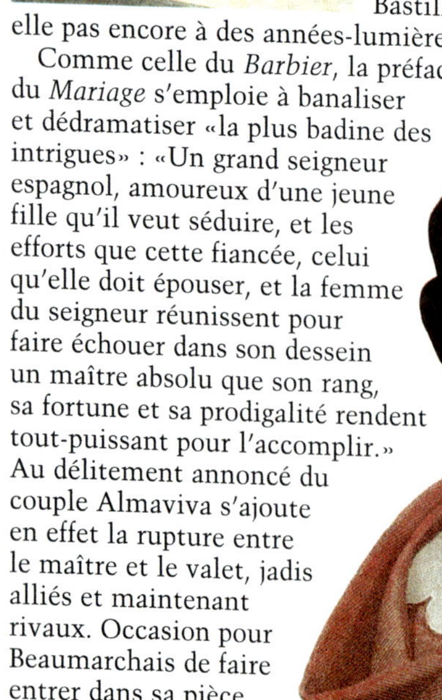

«la critique d'une foule d'abus qui désolent la société» : les complaisances de la justice, l'oppression seigneuriale ou tout simplement masculine, et celle, plus subtile et moderne, de l'argent. Rien toutefois, dans le tourbillon d'une «folle journée» – second titre de la pièce –, ne semble irrémédiable, ni l'inconstance, ni l'ingratitude, ni même les «abus». Le page Chérubin, figure charmante mais impalpable du désir qui trouble Rosine, est encore un «morveux sans conséquence»; Suzanne, la «camariste» courtisée par son maître, manifeste une inflexible loyauté envers Figaro; et le château d'Aguas Frescas, où Almaviva avait cru pouvoir restaurer un anachronique plus encore qu'aristocratique «droit du seigneur», rentrera *in fine* dans le droit commun.

Demeurent pourtant, gravés dans l'esprit du spectateur par-delà un dénouement heureux,

Quelques grands interprètes du *Mariage de Figaro* à la Comédie-Française, installée depuis 1782 sur l'emplacement de l'actuel Odéon (ci-contre). La «jeune première» Louise Contat (à gauche), que Beaumarchais imposa dans le rôle de Suzanne, préférant le voir tenu par une ingénue plutôt que par une soubrette; Mlle Olivier (au centre), âgée de vingt ans en 1784, blonde aux yeux gris qui se révéla en Chérubin, rôle dans lequel, d'après un témoin, elle «tournait la tête à toutes les femmes et à tous les hommes»; Thénard, qui fut un sombre et raide Figaro au début du XIXe siècle (ci-dessous). Il faudrait également citer Dazincourt et Molé, les Figaro et Almaviva de 1784. Quant au grand Préville, âgé et malade, jadis le Figaro du *Barbier*, il accepta, sans charger le rôle, d'endosser la bégayante «sublimité» du juge Brid'oison. Beaumarchais l'en remercia avec effusion: «Deux ans plus tôt mon ami Préville aurait assuré le succès de mes cinq actes. Aujourd'hui, le charme qu'il répandra sur un moindre rôle fera bien regretter qu'il ne joue pas le premier.»

ces mots, ces slogans qui feront dire à Danton «Figaro a tué la noblesse» : «Parce que vous êtes un grand seigneur, vous vous croyez un grand génie. [...] Qu'avez-vous fait pour tant de biens? Vous vous êtes donné la peine de naître, et rien de plus. Tandis que moi, morbleu!» On comprend que *Le Mariage* ait attiré, de Stanislavski à Vilar, Vitez et Jean-Pierre Vincent, les metteurs en scène attachés à célébrer l'homme dressé contre le privilège – exact synonyme du «droit du seigneur», dont le cuissage n'est que la forme la plus ostensible, donc la plus théâtrale –, contre la sclérose de tous les anciens régimes, contre la parole serve ou bâillonnée, puisque «sans la liberté de blâmer, il n'est point d'éloge flatteur». Révolutionnaire, Beaumarchais? Assurément non, si l'on considère le parvenu de 1784. Mais révélateur, peut-être malgré lui, peut-être sans s'en rendre compte, des tensions d'une société d'autant plus fragile qu'elle se croit éternelle. Une société aussi où le fils de l'horloger Caron, fût-il devenu Monsieur de Beaumarchais, amèrement fier de sa noblesse («J'en ai la quittance», disait-il en 1773), demeure pourtant à jamais l'«anonyme Figaro» : ce n'est sans doute pas un hasard si, d'*Eugénie* à *La Mère coupable*, l'enfant turel est omniprésent dans son théâtre! Crise tité qui, pour l'auteur comme pour son héros, n angoisse existentielle dans les moments

Entre la tendre intimité de *La Conversation espagnole* de Van Loo (ci-dessous) – modèle avoué de la scène de la romance, à l'acte II – et l'énergie justicière de Figaro «pourfendant les abus» (à droite, en haut) ou toisant amèrement son siècle dans le grand monologue de l'acte V (à droite, en bas), Le *Mariage de Figaro* réunit en une étourdissante «folle journée» les amours

conjugales, les délices (rêvées) de l'adultère et les grandes orgues de la protestation sociale. C'est dire que l'on peut y voir une pièce révolutionnaire – et qui, à ce titre, fut régulièrement censurée ou interdite, du premier Empire jusqu'à la France de Vichy. Mais aussi, selon Beaumarchais, «la plus badine des intrigues» dans laquelle chacun, au prix de quelques frictions et soupirs «sans conséquence», trouve finalement sa place : et «tout finit par des chansons».

de doute, d'échec, quand la calomnie se déchaîne et que se ralentit le mouvement des affaires, de la vie : «Forcé de parcourir la route où je suis entré sans le savoir, comme j'en sortirai sans le vouloir, je l'ai jonchée d'autant de fleurs que ma gaieté me l'a permis; encore je dis ma gaieté sans savoir si elle est à moi plus que le reste, ni même quel est ce *moi* dont je m'occupe.» Poignante, cette angoisse de Figaro, dans son grand monologue de l'acte V, étreint parfois Beaumarchais lui-même.

Une gaieté contagieuse

Issu d'un opéra-comique et voué à l'*opera buffa* grâce à Paesiello (1782) et à Rossini (1816), *Le Barbier de Séville* est une comédie dont chaque rôle, sauf celui de Bazile, pourtant musicien professionnel, comporte une ou plusieurs parties chantées. Figaro arrive en scène avec sa guitare (ci-dessus Dazincourt, qui reprit le rôle en 1787); Almaviva et Rosine découvrent bientôt que ce qui ne peut pas être dit, on le chante. D'où le climat de gaieté qui baigne toute la pièce et gagne jusqu'au vieux Bartholo, cherchant à rivaliser avec les deux jeunes gens par une grotesque chansonnette (acte III, scène 4) – comme dans ce tableau de Dumaresq qui réunit Mlle Fix (Rosine), MM. Provost (Bartholo), Got (Figaro) et Bressant (Almaviva) à la Comédie-Française en 1857.

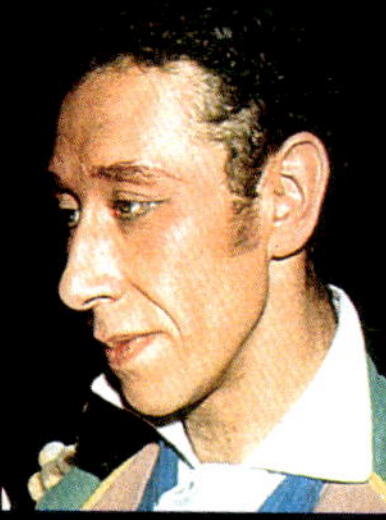

Devenir Figaro

On ne naît pas Figaro, on le devient. De l'intrigant des premiers actes à l'homme blessé des «grands marronniers», Beaumarchais a conçu le personnage emblème du *Mariage de Figaro* non pas comme un type de comédie traditionnel, toujours semblable à lui-même, mais comme une individualité qui se construit et se transforme au fil des épreuves affrontées. Là est sa première victoire sur Almaviva, figé – et donc déjà mort – dans son emploi de seigneur libertin. Daniel Sorano, le Figaro de Jean Vilar au TNP dans les années 1950 (ci-dessus), a parfaitement rendu cette ambivalence du rôle, ainsi qu'André Marcon, le Figaro de J.-P. Vincent à Chaillot en 1987 – ci-contre avec Dominique Blanc (Suzanne) et Denise Chalem (la Comtesse) sur le «grand lit en alcôve» de l'acte II, luxueux et encombré comme pour souligner l'absence du Comte.

Plus dure sera la chute... Au lendemain du *Mariage*, le héros fêté du combat contre les «abus» se transforme aux yeux de l'opinion en parvenu arrogant et sûr de lui. Ce Figaro qui fraye de trop près avec les Almaviva est devenu millionnaire, et ne s'en cache pas. «Qu'avons-nous gagné à détruire l'aristocratie des nobles, si elle est remplacée par l'aristocratie des riches?», demandera bientôt Marat.

CHAPITRE IV
LE COMMENCEMENT DE LA FIN

Saisissant contraste avec le jeune homme en rouge peint jadis par Nattier: trente ans plus tard, les traits creusés, le regard lointain, le Beaumarchais de Greuze (?) a troqué sa gaieté contre une indéfinissable mélancolie (à gauche) – tandis que sur Marie-Antoinette et sa cour, les orages s'accumulent : d'abord le Collier de la Reine, bientôt l'«Autrichienne».

Opéra et philosophie

«Le genre d'une pièce dépend moins du fond des choses que des caractères qui les mettent en œuvre.» Cette formule de la préface du *Barbier de Séville* explique la récurrence, dans le théâtre de Beaumarchais, de situations identiques mais qui se dénouent aussi bien par le rire que dans les larmes. Le «caractère», c'est-à-dire la capacité d'évaluer un rapport de forces, de faire face mais en sachant choisir entre la ruse et l'affrontement, bref «l'énergie de l'individu bourgeois en révolte contre une société close et hiérarchisée» (H. Coulet). Qualité qui manquait à la triste Eugénie, ballottée par les événements, mais dont était pourvue l'entreprenante et lucide Rosine du *Barbier*.

Avec *Tarare* (1787), livret d'opéra sur une musique de Salieri, *Le Mariage de Figaro* aura lui aussi sa face noire. Déjà la préface de la

Sont-ils «gluckistes» ou «piccinnistes», ces élégants qui sortent de l'Opéra (ci-dessous) ? Le débat sur la théorie musicale, sur les mérites de la musique française ou italienne, sur le rapport entre chant et «poème» dans l'opéra, passionne au XVIIIe siècle mondains et Philosophes. Hostile au «cruel bavardage» des reprises *da capo*, Beaumarchais se range ainsi parmi les partisans de Gluck dans la querelle qui les oppose à ceux de Piccinni, et qui s'aigrit en 1779-1781 lorsque chacun compose une *Iphigénie en Tauride*.

comédie, en 1785, évoquait un «Figaro sauvage», qui aurait eu pour rival «quelque tyran bien horrible, régnant au plus mal sur un peuple désolé». A quelques détails près, *Tarare* est bien cette «tragédie sanguinaire» où un Atar-Almaviva, après avoir tenté d'enlever une Astasie-Suzanne, se suicide et laisse son trône à un Tarare-Figaro. On s'est souvent moqué d'un livret aux vers raboteux, de son Orient de pacotille avec sérail, grand-prêtre et eunuques («Ahi! povero Calpigi!»), où des allégories, la Nature, le Génie du feu, déclament pompeusement : «Homme! Ta grandeur sur la terre / N'appartient point à ton état / Elle est toute à ton caractère.» Tarare, précisément, n'en manque pas, et son duel contre le «tyran» se termine nécessairement à son avantage. Mais Figaro, dans le vaudeville du *Mariage*, avait déjà tout dit, et de quelle manière : «De vingt rois que l'on encense / Le trépas brise l'autel / Et Voltaire est immortel.» Homme des Lumières, Beaumarchais en est décidément le voltigeur plus que l'idéologue.

TARARE,
OPÉRA EN CINQ ACTES,
AVEC UN PROLOGUE,
Représenté pour la premiere fois,
SUR LE THEATRE
DE L'ACADÉMIE-ROYALE
DE MUSIQUE,
Le Vendredi 8 Juin 1787.
PRIX 48 sols.

A PARIS,
De l'Imprimerie de P. DE LORMEL, Imprimeur de l'Académie-Royale de Musique, rue du Foin Saint-Jacques, à l'Image Sainte Geneviéve.
M. DCC. LXXXVII.
Avec Approbation & Privilége du Roi.

Mais le librettiste se souvient qu'il fut maître de harpe, qu'il composa un opéra-comique et des dizaines de chansons, surtout qu'il glissa dans ses comédies de nombreuses parties chantées, non pas à titre de simples ornements, mais pour en soutenir ou en relancer l'intrigue. D'où sa préface «Aux abonnés de l'Opéra qui voudraient aimer l'opéra», dans laquelle il propose de rééquilibrer la musique

«Ce grand compositeur, l'honneur de l'école de Gluck» : la préface de *Tarare* couvre de fleurs Antonio Salieri (ci-dessous), maître de chapelle de la cour de Vienne, à Paris depuis 1784, et qui en avait écrit la musique. Pourtant, sur cette amitié sans nuages entre Beaumarchais et Salieri – qui habitait même chez son illustre librettiste – plane l'ombre d'un troisième

homme, dédaigné par l'un, jalousé par l'autre : Mozart. En 1786, un an avant *Tarare*, avaient triomphé à l'opéra de Vienne *Les Noces de Figaro*, dans l'indifférence totale de l'auteur du *Mariage*. Et l'on se prend à rêver : le génie qui a fixé, pour jamais, les voix de Figaro, de la Comtesse, de «Cherubino di amore», n'aurait-il pas fait de *Tarare*, cette lourde turquerie, son second *Enlèvement au sérail* ?

et l'action, voire de soumettre le «charme de la musique» à la «beauté du poème». Beaumarchais, entre Gluck et Wagner? Hélas, son livret ne mérite pas cet excès d'honneur. Néanmoins l'ouvrage plut – vingt-six représentations en 1787 – et fut fréquemment repris jusqu'au début du XIXe siècle, la scène finale changeant au fil des régimes successifs : couronnement d'un roi constitutionnel en 1790, proclamation de la République en 1795, Tarare «roi selon la Charte» en 1819... C'était, cette fois, au tour du «poème» de se soumettre – mais à la politique.

Deux adversaires de Beaumarchais au milieu des années 1780 : Mirabeau (à droite) et Nicolas Bergasse (ci-dessous), tous deux futurs députés à la Constituante. Le premier est fameux à l'époque pour ses frasques, ses séjours en prison, ses ouvrages érotiques et un pamphlet contre les lettres de cachet. Mais en 1785 il se mue sans effort, moyennant finances, en professeur de vertu – lanceur de «Mirabelles», plaisante Beaumarchais. Le jeune avocat Bergasse, lui, cherche d'abord une cause qui le fera connaître.

La démolition du héros

Paradoxalement, et en dépit du succès de *Tarare*, l'alliance entre Beaumarchais et l'opinion, scellée au temps de l'affaire Goëzman, se brise au lendemain du *Mariage de Figaro*. Malgré leur vigueur, les saillies de Figaro n'y peuvent rien : à celle d'une victime de l'arbitraire se substitue l'image d'un parvenu arrogant, trop sûr de lui, pêchant dans les eaux troubles du pouvoir et de l'argent. Deux hommes vont jouer un rôle décisif dans cette démolition du héros : Mirabeau, qui n'est encore qu'un aristocrate décavé sachant écrire, et l'obscur avocat Nicolas Bergasse. Le premier a été chargé par ses commanditaires de faire baisser les cours de la compagnie des Eaux de Paris, désormais contrôlée par Beaumarchais. Après une première passe d'armes au début de 1785, celui-ci, gêné par ses liens avec le ministre Calonne – intéressé à la baisse –, ne répond pas aux insultes qui pleuvent sur lui. Tant de mansuétude étonne. Ne pas répliquer à un Bazile, quand on s'appelle Beaumarchais! Serait-il pour de bon ce profiteur corrompu que dénonce Mirabeau? Deux ans plus tard, Bergasse va lui porter le coup de grâce dans l'imbroglio judiciaire connu sous le nom d'affaire Kornmann.

Etonnante figure de condottiere égaré au XVIIIe siècle, Charles-Henri-Nicolas-Othon, prince de Nassau Siegen (1743-1808) mit son extraordinaire bravoure au service de la France, de la Pologne – où il avait fait jouer *Le Mariage de Figaro* en 1785 –, de la Russie, après avoir, à vingt-trois ans, accompagné Bougainville dans son tour du monde.

Toujours criblé de dettes, il fascinait Beaumarchais, devenu depuis 1779 son inépuisable bailleur de fonds. Lors d'un dîner, en octobre 1781, Nassau lui demanda de s'occuper de l'épouse maltraitée d'un banquier alsacien : mince fait divers d'où allait sortir en 1787 la redoutable affaire Kornmann.

«Misérable, tu sues le crime!»

Tout avait commencé en 1781. Beaumarchais, sollicité par son ami le prince de Nassau, avait alors décidé de prendre sous sa protection une certaine Mme Kornmann. Le mari, banquier alsacien, avait profité de la liaison de sa femme avec un syndic royal

Malheureux ! qu'as-tu fait. Pleure ! . . . .

Ah ! ſi tu pouvois pleurer ! écoute. Je ſais ta vie toute entiere ; elle eſt exécrable, ta vie. . . . . . Ambitieux de toute eſpece de ſuccès, ne trouvant en toi-même, dans la conſcience naturelle de tes forces, aucune reſſource pour parvenir ; mais audacieux, mais vain, mais indifférent ſur les moyens qu'il te falloit employer, parce que tu ne connois pas la pitié & les ſentimens profonds de juſtice qu'elle enfante ; intrigue, baſſeſſe, menſonges,

bien en cour, Daudet de Jossan, puis, alors qu'elle était enceinte et l'amant éloigné du pouvoir, il l'avait fait jeter en prison, d'où Beaumarchais l'avait sortie pour la faire transférer dans une maison de santé. S'était ensuivi un banal procès en séparation de biens, le mari cherchant à s'emparer de la dot de son épouse. L'affaire rebondit au début de 1787 avec l'entrée en lice de Bergasse, avocat du banquier, contre Mme Kornmann soutenue par Beaumarchais. Furieuse bataille, qui durera deux ans, dans laquelle, au *Mémoire sur une question d'adultère* de Bergasse, il répondra (1787-1788) par trois *Mémoires contre Kornmann*, argumentés mais sans éclat, et vite pulvérisés par la hargne de son adversaire.

Les imprécations de Bergasse (ci-dessus) ruinèrent la réputation de Beaumarchais. Il fut accablé de lettres anonymes, on l'attaqua dans la rue, alors que s'élevait sa trop somptueuse maison du boulevard Saint-Antoine (en bas). Le Parlement eut cependant le courage d'aller contre l'opinion en déclarant ces pamphlets «faux, injurieux et calomnieux». La réponse de Beaumarchais vint en deux temps : judiciaire, avec les *Mémoires contre Kornmann*, littéraire avec ce «drame contre Bergasse» qu'est sa dernière pièce, *La Mère coupable* (1792) : la «famille Almaviva» y tombe en effet aux mains d'un «épouvantable méchant», un «homme affreux» nommé... Bégearss.

On rejoue ainsi l'affaire Goëzman, mais à rôles renversés : sous la plume de Bergasse, le banquier véreux devient un innocent bafoué, un homme du peuple victime de l'arbitraire. Quant à Beaumarchais, encombré d'alliés compromettants – Nassau, l'ancien lieutenant de police Lenoir, le cardinal de Rohan –, il fait figure d'aventurier sans scrupules, de voleur, et même d'empoisonneur : calomnie qui avait déjà circulé en 1774. «Un homme aussi gai ne peut être de la famille de Locuste», avait alors tranché Voltaire, qui n'est plus là pour le défendre. On l'accuse surtout d'être un agent de l'absolutisme, de comploter avec le gouvernement – en guerre ouverte avec les parlementaires depuis 1787. Contre ce dernier grief, il publie ses *Idées élémentaires sur le rappel des Parlements*, rédigées en 1774. Peine perdue. «Misérable, tu sues le crime!», lui lance Bergasse déchaîné, devenu à son tour le héros du jour – et bientôt député à la Constituante. L'avocat et son client seront pourtant condamnés comme calomniateurs le 2 avril 1789, et Kornmann débouté de sa plainte pour adultère. Mais le mal est fait. Beaumarchais, toujours si assoiffé de considération, est à terre; on l'accuse même d'avoir acheté ses juges. Les pamphlets se multiplient, attisés par l'envie. Car ce parvenu, suspect avant l'heure, alors que la misère s'aggrave et que l'Etat frôle la déconfiture financière, est en train de se faire bâtir le plus somptueux des palais – et cela face à la Bastille, l'emblème de l'arbitraire. Défi, ou connivence?

Le palais d'un parvenu

On connaît par des témoignages d'époque le luxe tapageur de cet hôtel particulier de deux cents fenêtres et trois étages, édifié sur un terrain acquis en 1787, et qui coûta à son propriétaire plus d'un million et demi de francs.

Alors même que n'était pas encore achevée sa nouvelle maison – il ne s'y installera qu'au printemps 1791 –, Beaumarchais en ouvrit les jardins au public. Mais, en cette période troublée, et devant une opulence aussi tapageuse, les déprédations étaient fréquentes. «Pressez-vous, Monseigneur, écrit-il au duc d'Orléans, car mon jardin a déjà manqué d'être ravagé dix fois, et j'ignore ce qu'on me garde.» En juin 1790, il se plaint à Thérèse, son épouse : «On a fait dans notre jardin des dégâts plus qu'intolérables, rayé les peintures de la voûte et gâté les galons.» D'où ces élégants laissez-passer destinés à filtrer les visiteurs (ci-dessus).

Plan du Jardin et de la Maison du Citoyen Caro

1 2 3 4 5 10 20 30

Vue du petit Temple de Bacchus.

Une véritable folie

« C'est une maison de campagne qui ne ressemble à aucune autre, bâtie avec la simplicité hollandaise et la pureté athénienne» : voilà comment Beaumarchais, qui souhaite alors se débarrasser de sa coûteuse maison, tente en 1798 d'appâter un prestigieux client : Bonaparte. L'affaire ne se fit pas. Aurait-elle sauvé cet extraordinaire ensemble, dû à Lemoine pour les bâtiments et à Bélanger, l'architecte-paysagiste de Bagatelle, pour les jardins? Le terrain avait la forme d'un quadrilatère étiré le long du boulevard Saint-Antoine – l'actuel boulevard Beaumarchais –, non loin de la Bastille, qu'on aperçoit à l'arrière-plan (page suivante). Cette «folie» aux deux cents fenêtres s'ouvrait par une colonnade en rotonde (à droite) sur un parc où l'on trouvait, outre un temple de Bacchus (à gauche), une pièce d'eau, un pont chinois, des essences rares et... un buste de Duverney, le second père. Elle s'ouvrait aussi, autre folie, sur le faubourg Saint-Antoine, insultant la misère d'un quartier qui allait fournir ses troupes de choc à la Révolution.

«Pureté athénienne» peut-être, mais revue par le talent raffiné de l'ébéniste Jacob, créateur du mobilier (ci-dessous et à droite), notamment ce grand guéridon tripode surmonté d'un plateau en bronze et en marbre. Le grand salon circulaire, à décor antique et plafond en coupole, donnait sur la rotonde extérieure, comme on le voit sur ce tableau d'Hubert Robert (ci-contre). Car Beaumarchais avait demandé au peintre, pour décorer sa maison, des tableaux qui la représentaient : mise en abîme, ou théâtre dans le théâtre...

A la veille de la Révolution, Beaumarchais est infiniment plus riche que ne le laissent supposer ses entreprises les plus visibles – lesquelles, on l'a constaté, se sont souvent soldées par des fiascos. Car il est aussi mêlé à des spéculations ou trafics variés, notamment autour de la banque franco-espagnole de Saint-Charles, qui lui rapportent d'énormes commissions. Pour construire et meubler une «maison qu'on cite», au milieu d'un vaste jardin anglais agrémenté d'un lac et de deux petits temples, il s'est adressé aux meilleurs : les architectes Lemoine et surtout Bélanger, ce dernier en charge du jardin. A l'intérieur, un mobilier en acajou de Jacob; au mur, des Vernet et des Hubert Robert. Hommage au progrès : le chauffage est assuré par des bouches d'air, et l'eau qui alimente la cascade du jardin amenée grâce à la «pompe à feu» de Chaillot. Tout n'est pas encore achevé lorsqu'il organise, au printemps 1789, une fête somptueuse pour le duc d'Orléans. Au même moment, on pille les installations du riche manufacturier Réveillon. A qui le tour? Pris dans les remous de l'affaire Kornmann, Beaumarchais se sent doublement menacé.

En mai, il se plaint qu'on a «placardé ses portes et brisé ses bas-reliefs». Au lendemain du 14 juillet, on perquisitionne chez lui : au lieu des «armes, grains et farines» attendus, on n'y trouve que les invendus de son édition de Voltaire. Multipliant aumônes et actes de bienfaisance, il est élu en août député à la Commune de Paris; aussitôt exclu, il est réintégré après une longue *Requête* dans laquelle il proteste de son civisme. D'un même souffle, il déplore «cette affreuse anarchie, ce terrible intervalle entre la loi qu'on a détruite et celle que l'on va créer». Car la Révolution qui commence lui semble bientôt moins antinomique de l'Ancien Régime qu'essentiellement *anomique*. Lui qui a si souvent prospéré en marge des lois les a pourtant toujours considérées comme le meilleur rempart contre les «abus». Figaro n'a pas guerroyé contre le «droit du seigneur» pour que le bon plaisir passe maintenant aux robins et aux procureurs.

Est-ce une répétition générale? Le 27 avril 1789, les ouvriers du faubourg Saint-Antoine saccagent les installations du salpêtrier Henriot et du papetier Réveillon (ci-dessus), ancienne relation d'affaires de Beaumarchais. La répression est sanglante – peut-être deux cents tués –, le faubourg gronde et Beaumarchais s'inquiète : «Un infâme sujet, jadis mon portier [...] est un de ceux qui soulèvent la canaille contre moi» (à Crosne, lieutenant de police, 13 mai 1789).

Alors que l'Ancien Régime s'effondre autour de lui, Beaumarchais hésite entre la tentation du repli et l'envie de rebondir. Tandis que sa dernière pièce, *La Mère coupable,* baigne dans la nostalgie frileuse d'un passé heureux, l'affairiste trouve encore, à soixante ans passés, l'énergie suffisante pour se lancer dans une ultime et rocambolesque entreprise. Décidément, et jusqu'au bout, «il est toujours le même».

CHAPITRE V
SURVIVRE EN RÉVOLUTION

Entre la Bastille conquise par les émeutiers du 14 juillet (à gauche) et le digne Beaumarchais statufié par Clausade à l'entrée de la rue Saint-Antoine en 1895 (à droite), quelques dizaines de mètres – et des années-lumière. Imagine-t-on, malgré ses insolences, Figaro incendiant le château du comte Almaviva?

La vieillesse de Figaro

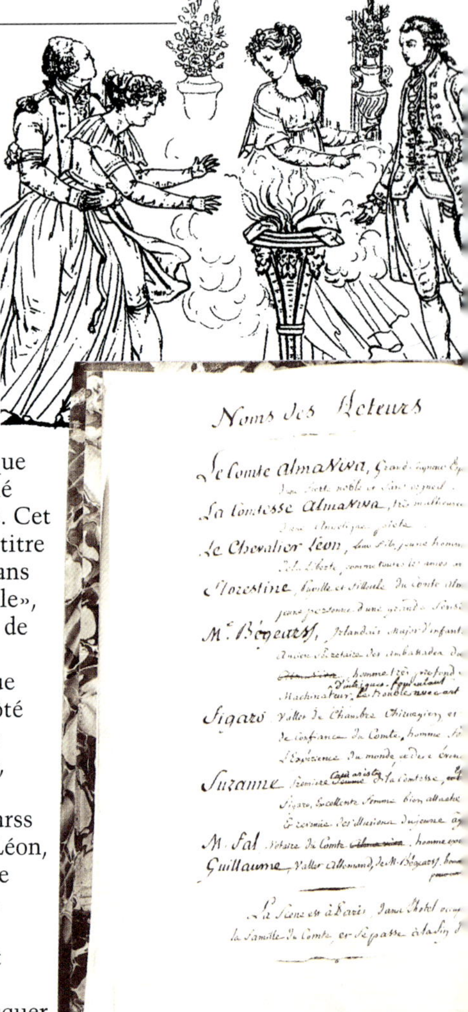

Depuis 1785, Beaumarchais avait conçu, et peut-être rédigé le dernier volet du «roman de la famille Almaviva», *La Mère coupable*. Repris et modifié en 1790, ce drame, qui a, hélas, tous les défauts du genre, traduit alors sa volonté d'apurer les comptes du passé – les siens et ceux de ses personnages –, mais aussi de penser le nouveau cours des choses : la scène se passe «à la fin de 1790». Dans le rôle du «méchant», plus noir que nature, un major irlandais nommé Bégearss, anagramme de Bergasse. Cet «autre Tartuffe» – tel est le sous-titre de la pièce – a entraîné à Paris, dans un pays «remué de fond en comble», le couple Almaviva pour achever de le briser. Car depuis *Le Mariage de Figaro*, la «famille» s'est accrue de deux enfants naturels : d'un côté Léon, le fils de la Comtesse et de Chérubin qui est mort; de l'autre, Florestine, pupille prétendue du Comte et en réalité sa fille. Bégearss parviendra-t-il à faire déshériter Léon, l'enfant «selon la loi» mais non le sang, et à s'emparer de la fortune du Comte en épousant la fausse pupille? Figaro, vertigineusement vieilli, et Suzanne rassembleront leurs dernières forces pour démasquer le misérable et conduire leurs maîtres à faire l'«échange de [leur] indulgence».

S'affirmant toujours novateur, Beaumarchais se vante d'avoir proposé une «intrigue de comédie fondue dans le pathétique d'un drame». Drame du couple Almaviva qui solde dans la douleur ses égarements passés, mais porte aussi le deuil de sa jeunesse, des plaisirs «sans conséquence» : en 1790, la route de l'Espagne et de toutes les «folles journées» est définitivement coupée. Comédie, un peu laborieuse, dans laquelle Beaumarchais-Figaro prend sa revanche sur Bergasse-Bégearss, mais surtout dénonce la nouvelle engeance, secrétée par la Révolution, d'aventuriers de la politique – autrement plus dangereux que les «jockeys diplomatiques» de jadis, à la façon de Figaro et de son créateur. La première a lieu le 26 juin 1792, au théâtre du Marais, peu avant le 10 août et les massacres de septembre. La Révolution hésite : l'avenir appartient-il aux cyniques, aux tartuffes, ou aux idéalistes comme Léon, qui admire Washington et disserte dans les clubs? Face noire, face rose, encore. Mais cette fois, le choix n'appartient plus à l'écrivain; c'est l'Histoire qui tranchera. En attendant, et comme il est permis de rêver, la pièce s'achève sur un acte de foi qui célèbre d'une même voix la victoire de Léon et celle de la «bonne» Révolution : «Quelle heureuse

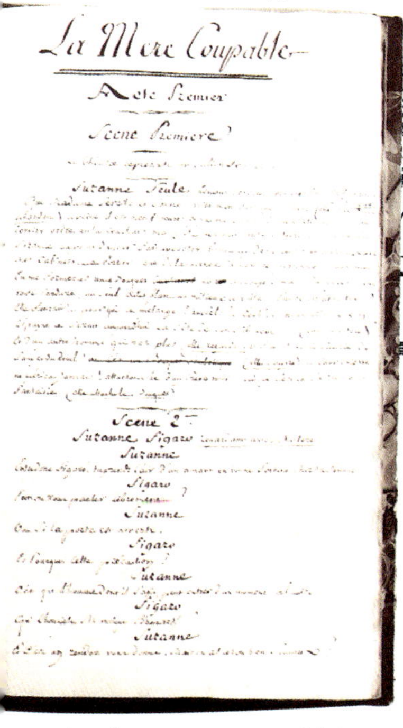

La Mere Coupable

Acte Premier

Scene Premiere

Suzanne Seule

Scene 2

Suzanne Figaro

Suzanne

Figaro

Suzanne

Figaro

Suzanne

Figaro

Suzanne

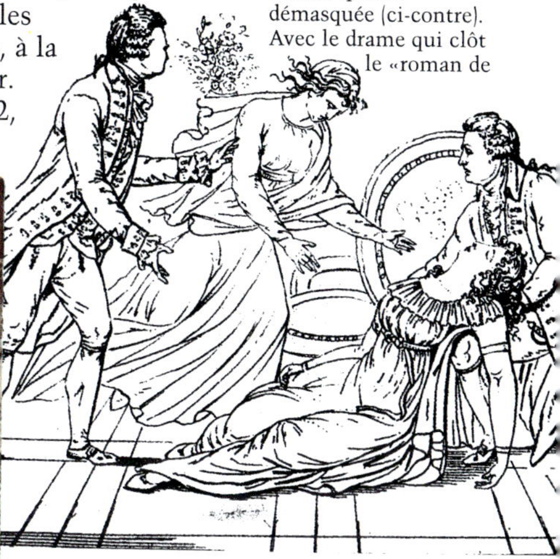

La pétillante Comtesse du *Mariage*, devenue une triste «mère coupable», brûle les lettres d'amour de Chérubin (à gauche) et s'évanouit entre les bras du Comte qui l'a démasquée (ci-contre). Avec le drame qui clôt le «roman de la famille Almaviva», Beaumarchais retrouve le genre de ses débuts, partageant ainsi avec ses personnages la nostalgie d'une jeunesse enfuie, où le plaisir était «sans conséquence» et le monde sans Bergasse... Sur son manuscrit (à gauche), les rubans roses ne sont plus de saison : «Admettez donc qui vous voudrez à la lecture de mardi; mais écartez les cœurs usés, les âmes desséchées... Ces gens-là ne sont bons qu'à parler révolution» (à la comtesse d'Albany, 5 février 1791).

révolution! Un jour a changé notre état! Plus d'oppresseur, d'hypocrite insolent!»

Brutal est le retour sur terre. Le 23 août, accusé de retenir indûment des fusils destinés à l'armée française et achetés par ses soins grâce à des subsides gouvernementaux, Beaumarchais est arrêté et conduit à la prison de l'Abbaye. Alors que l'armée du Nord bat en retraite et qu'il risque sa tête, on le libère le 29. Miracle? En fait, sa maîtresse Amélie Houret, devenue comtesse de La Marinaie – peut-être l'ancienne Mlle Ninon d'Aix –, avec laquelle il avait noué (ou renoué) une liaison vers 1786, était aussi au mieux avec Manuel, procureur général de la Commune de Paris. Le 2 septembre, les massacres commençaient.

Des prisons que connut Beaumarchais, la troisième fut la pire. «Cent quatre-vingt-douze personnes encaquées dans dix-huit petites chambres», telle était l'Abbaye (ci-dessous), où l'avaient fait conduire deux maîtres chanteurs en cheville avec le ministre Lebrun... et d'où il sortira grâce à une ancienne maîtresse.

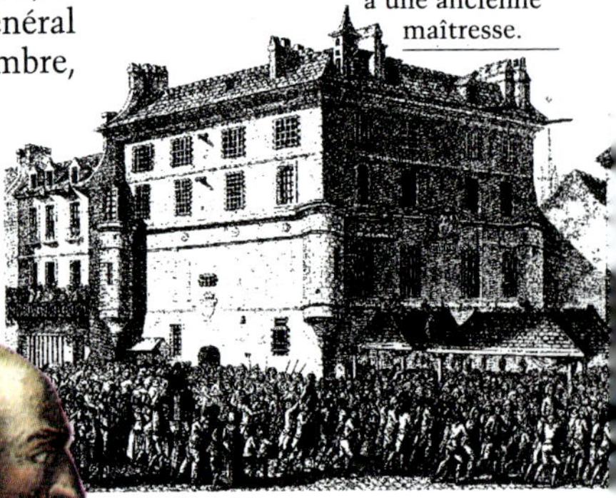

Un arsenal fantôme

De fait, l'accusation lancée contre Beaumarchais n'était pas sans fondement. Car l'affairiste n'a pas renoncé : jadis munitionnaire des Insurgents, il entend maintenant le devenir pour ses propres

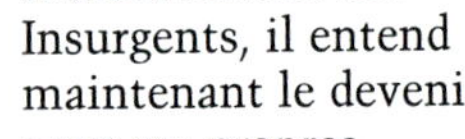

concitoyens. En mars 1792, alors que la guerre menace avec l'Autriche – elle sera déclarée le 20 avril –, un libraire de Bruxelles lui propose un stock de 60 000 fusils, présentement entreposés dans une île de Zélande. D'abord réticent, mais vite sensible à l'«utilité patriotique» de cette offre, il se lance avec passion dans la dernière grande aventure de sa vie, connue comme l'Affaire des fusils de Hollande. Affaire complexe, qui lui coûta une bonne part de sa fortune, où il risqua sa vie à plusieurs reprises, et qui lui valut enfin d'être banni de son pays. Mais aussi échec cuisant, puisqu'en octobre 1794 les Anglais mettront la main sur ces armes tant convoitées, et les lui régleront plus tard à bas prix. Entre-temps Beaumarchais se sera furieusement démené, négociant avec des ministres français timorés ou véreux qui lui versent des assignats dévalués, qui se succèdent comme en une «lanterne magique à personnages si rapides» qu'elle s'en trouve «fatigante à suivre», aux prises avec des aigrefins qui veulent le supplanter voire

En 1792 ou 1793, sa trop belle maison et l'affaire des fusils conduisent parfois Beaumarchais devant des «Comités de surveillance révolutionnaire» aussi rébarbatifs que celui de la caricature ci-dessous. Pourtant, malgré le danger, il refusera toujours de se laisser intimider par des individus qui peuvent vous enfermer «sans désignation de motifs» : «Périssent tous mes biens! périsse ma personne, plutôt que de ramper sous ce despotisme insolent!» (*Les Six Epoques*, 1793).

l'assassiner, obligé de ruser avec les puissances ennemies qui le regardent s'agiter en vain.

Audace, ou inconscience? Alors qu'il est à l'abri en Angleterre, providentiellement incarcéré pour dettes, il décide de rentrer en France en février 1793. Lecointre, député à la Convention, l'a dénoncé comme «membre de la clique des conspirateurs, [...] vicieux par essence et corrompu par inclination». Langue de bois qui peut le conduire droit à l'échafaud. Il réplique par un long mémoire, *Les Six Epoques*, parcours effaré «dans les coulisses de la Révolution» (R. Pomeau) par un homme qui, tout

“O ma patrie en larmes! ô malheureux Français! Que vous aura servi de renverser des bastilles, si des brigands viennent danser dessus, nous égorgent sur leurs débris?”

Les Six Epoques, printemps 1793

Insaisissables «fusils de Hollande»! Alors que Beaumarchais erre d'Ostende à Francfort, cherchant à organiser la vente fictive des 60 000 fusils aux Etats-Unis afin que les autorités néerlandaises acceptent enfin de les laisser sortir, il est inscrit sur la liste des émigrés le 14 mars 1794. Ses biens sont mis sous séquestre. Le 4 juillet, le Comité de sûreté générale ordonne d'arrêter «la femme, la fille et la sœur de Caron Beaumarchais, émigré». Le 24, elles sont transférées à la prison de Port-Libre, ci-devant Port-Royal, antichambre de la guillotine. Elles échapperont pourtant à *L'Appel des dernières victimes de la Terreur* (ci-contre), sauvées par la chute de Robespierre le 9 thermidor (27 juillet). Thérèse et Eugénie seront libérées le 8 août; seule la pauvre Julie restera en prison quatre mois encore, «probablement oubliée dans le désordre général» (J. Gatty).

«citoyen» qu'il se proclame, en est resté au temps de Vergennes ou de Calonne. Car pour lui la guillotine n'a rien changé à la comédie du pouvoir, et sous sa plume, l'illustre Marat se voit croqué comme un vulgaire Goëzman : «un petit homme aux cheveux noirs, au nez busqué, à la mine effroyable»...
A la Convention qui lui demande des armes, il ose répliquer en réclamant, une fois de plus, des lois «aux députés qui nous les doivent». Résultat inespéré de cette diatribe : on le reconnaît innocent, et il obtient même un passeport pour repartir en campagne. Mais, toujours sans nouvelles de ces

insaisissables fusils, d'ailleurs moins utiles à mesure que se développe l'industrie de guerre française, le Comité de Salut public finit par l'inscrire en mars 1794 sur la liste des émigrés, alors qu'il se trouve à Francfort. La belle maison est mise sous scellés; sa femme, sa fille, sa sœur Julie, arrêtées en juillet, sont sauvées par la chute de Robespierre.

Quant à lui, après diverses pérégrinations, il se fixe en octobre à Hambourg, où il mène une existence misérable. Bien public et particulier, là encore : car pour obtenir sa grâce, il cherche à se rendre utile, écoute, espionne, rend compte à Paris des menées anglaises ou royalistes, notamment le débarquement de Quiberon (juin 1795). Sa femme – que la loi sur les émigrés a contrainte au divorce – multiplie elle aussi les démarches. En juin 1796, il est enfin radié de la liste fatale, et le mois suivant, après deux ans d'exil, retrouve les siens. Ainsi s'achève pour Beaumarchais cette traversée de tous

Exilé, Beaumarchais tente par tous les moyens de démontrer son esprit civique au Comité de Salut public (ci-dessus). Il est un faux émigré, puisqu'il n'hésite pas à dénoncer les vrais, tels ces «Français à la solde de l'Angleterre» qui vont débarquer en juin 1795 à Quiberon (ci-dessous).

COMITÉ CENTRAL DE SALUT PUBLIC LAN II

les périls. Révolutionnaire sans le savoir en 1784, aristocrate malgré lui en 1789, émigré sans le vouloir en 1794, on imagine ce qu'eût été sa gloire si, comme les Insurgents à Saratoga, Kellermann et Dumouriez lui avaient dû la victoire de Valmy… Au lieu de cela, c'est un homme presque oublié qui arrive à Paris en juillet 1796. Il est âgé, ruiné, sourd «comme une urne sépulcrale»? Qu'importe : la vie continue, les comptes du passé ne sont pas forclos et sa fortune est à refaire.

Un éternel recommencement

Tout semble en effet se poursuivre ou recommencer comme avant au cours de ces trois années qui lui restent. D'abord les plaisirs de la double vie. Bon époux, il se remarie avec Thérèse; bon père, il donne sa fille Eugénie à un ancien aide de camp de La Fayette, Toussaint Delarüe. Mais il renoue aussi avec Amélie Houret : passion torride dont demeurent deux lettres, publiées en 1975, d'un érotisme exacerbé, auprès desquelles la correspondance avec Mme de Godeville fait figure de bluette. Il retrouve aussi, hélas, tous les dossiers demeurés en souffrance

Fille unique de Beaumarchais, Eugénie (ci-contre, par Hennequin, en 1793) avait douze ans en 1789. Emeutes, fuites en province, dénuement, prison, et même désertion d'un fiancé volage : l'adolescence de cette petite fille riche et adorée de ses parents fut un cauchemar, auquel s'ajouta l'inquiétude sur le sort de son père. Elle avait dix-neuf ans au retour de l'«émigré», en juillet 1796, et cinq jours plus tard épousait Toussaint Delarüe : un «bon jeune homme», dit Beaumarchais, et qui la recherchait «quand on croyait qu'elle n'avait plus rien». La tragédie s'achevait en roman rose.

depuis son départ. L'Amérique, d'abord, avec ces créances que les anciens Insurgents refusent obstinément d'honorer, arguant qu'elles lui ont été réglées par le gouvernement français. Depuis 1783, il n'a cessé d'écrire au Congrès pour réclamer son dû, de harceler ses correspondants sur place. Pourquoi ne pas y aller lui-même? En octobre 1797, il demande un passeport à «un de [ses] bons amis», Talleyrand, ministre des Affaires étrangères, et va jusqu'à solliciter le poste d'ambassadeur aux Etats-Unis! «Ce passeport ne peut être accordé», répondra sèchement le ministre. A la mort de Beaumarchais, le litige restait ouvert; en 1835, ses héritiers recevront 800 000 francs pour solde de tout compte, soit moins du quart de la dette jadis reconnue par Silas Deane. Mais à débiteur, débiteur et demi : selon une légende familiale, la fameuse créance fut mise sur la table

Ses inutiles efforts pour obtenir du Congrès américain (ci-dessous) le règlement de ses créances assombrirent les dernières années de Beaumarchais. En 1779, John Jay, président du Congrès, lui avait remis 2 400 000 francs en lettres de change (à droite, en haut), impossibles à négocier; son ami Silas Deane (à droite), ancien envoyé des Insurgents à Paris, avait confirmé en 1781 ses réclamations.

EXCHANGE for 24,,000 LIVRES Tournois.

In CONGRESS, Philadelphia, June 15 1779.

SIR,

PURSUANT to a Resolution of Congress, passed the fifth Day of June, 1779, pay to Mr. Caron de Beaumarchais, or Order, on the fifteenth Day of June, One Thousand Seven Hundred and Eighty two this Second of Exchange for the Sum of twenty four thousand Livres Tournois, the First, Third, Fourth, Fifth and Sixth, of the same Tenor and Date, not paid, for Value received by the United States.

Attest. Cha Thomson Secy Signed, by Order of CONGRESS, John Jay

To the Hon. BENJAMIN FRANKLIN, Esq; Minister Plenipotentiary, or any other Representative for the United States of America at the Court of France.

lorsque la France, au cours des années 1920, renégocia les dettes contractées auprès des Etats-Unis pendant la Première Guerre mondiale. Fût-ce *post mortem*, Beaumarchais veillait encore au «bien public»... Autre affaire pendante, celle des fusils de Hollande. Le munitionnaire a beaucoup perdu dans l'aventure : de l'argent frais, des nantissements sur ses biens, sans compter une vente forcée des armes à des conditions déplorables. Mais la République, de son côté, n'a rien reçu en échange des subsides versés. Deux commissions successives le constitueront d'abord en créancier, puis en débiteur de l'Etat pour plus d'un million. Là encore ses descendants hériteront du dossier, qui sera clos en 1802, après règlement des sommes dues.

L'écrivain, de son côté, cherche à se rappeler au bon souvenir du public, notamment avec *La Mère coupable*. Créée en 1792 par une troupe médiocre, elle est maintenant confiée aux Comédiens-Français de la rue Feydeau – car la compagnie, qui s'est divisée sous la Révolution, n'est pas encore réunifiée. Le 5 mai 1797, il se fait applaudir au milieu de ses interprètes. Un admirateur inattendu, Bonaparte, lui écrira l'année suivante son espoir de rencontrer... «l'auteur de *La Mère coupable*». Moins heureux,

“A mesure que le jeu de la vie s'avance, le tapis reste, il est vrai, mais les joueurs changent; et ce n'est pas une des moindres afflictions de la vieillesse que d'être obligé de toujours achever la partie avec d'autres que ceux qui la commencèrent avec vous.”

Lettre à Vergennes, 1782

l'éditeur conserve dans ses caves des piles de *Voltaire*, d'autant plus invendables que l'heure est à la restauration catholique : témoin le triomphe imminent du *Génie du christianisme* (1802). Cette fois délibérément à contre-courant de l'opinion, il adresse au *Journal de Paris* deux lettres sur Voltaire qui paraissent en avril 1799, quelques semaines avant sa mort. Son pieux entourage s'épouvante : dans la première, il justifie le patriarche d'avoir, dans ses derniers instants, dénié la divinité du Christ; la seconde se déchaîne contre la «religion christicole», comparant la messe à une «jonglerie» jouée devant le «théâtre du maître-autel»! Cette incursion dans la théologie – ou plutôt dans la polémique antireligieuse – n'a pas de précédent chez Beaumarchais. Dans sa violence même, on est tenté d'y voir l'expression d'une fidélité nostalgique aux Lumières, dont il est alors un des derniers survivants.

Restent enfin, toujours intactes, sa capacité d'indignation ou d'enthousiasme, sa passion d'entreprendre. Il continue à ferrailler contre les comédiens pour le respect des droits d'auteur, se scandalise, dans les journaux, de l'abandon des restes de Turenne parmi les squelettes d'animaux du Jardin des Plantes. Encore exilé, il suggérait au Directoire d'entreprendre le percement d'un canal transocéanique au Nicaragua; maintenant, il écrit au ministre François de Neufchâteau

De la part de la Citoyenne
de son Gendre e

Vous êtes prié d'assister aux Convoi
citoyen CARON BEAUMARCHAIS
décédé en son domicile, Porte Antoine,
qui se feront le 30 dudit, à 11 heures d

Des restes de Turenne aux «navires aéroambulants» (à droite) ou au massacre de plénipotentiaires français par des Autrichiens à Rastadt (ci-dessous), jusqu'au bout Beaumarchais se bat, s'indigne, s'enthousiasme.

EAUMARCHAIS, sa Veuve,

de sa Fille.

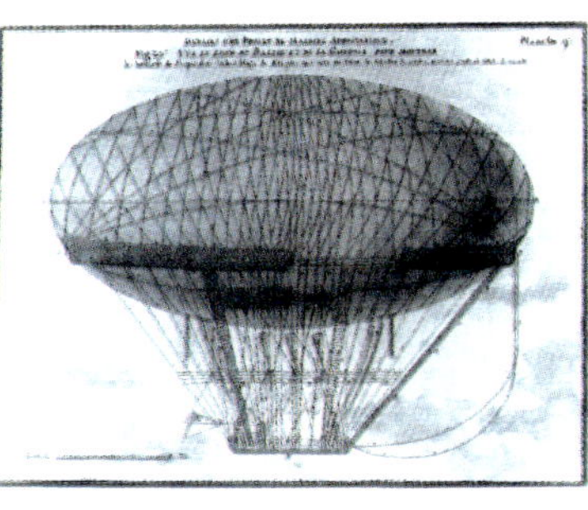

en faveur de Scott, un de ses anciens protégés, inventeur de «navires aéroambulants», à savoir des montgolfières pisciformes. «Toujours, il est toujours le même», disait-il de lui dans une chanson de 1774 : cela demeure vrai, jusqu'à son dernier jour.

Il meurt dans son sommeil d'une attaque d'apoplexie, le 18 mai 1799. A sa femme et à sa fille, il laissait une fortune de près d'un million. On l'enterra dans son jardin, près du petit temple de Bacchus, en présence du fidèle Gudin de La Brenellerie et d'un autre ami, le dramaturge Collin d'Harleville. Ses restes furent transférés au Père-Lachaise en 1822, avant que ne soit détruite, en 1826, la maison aux deux cents fenêtres. Avant aussi que son nom, en 1831, ne soit donné au boulevard qui est devenu, entre Bastille et République, le parcours rituel de la colère contre l'«abus» et les privilèges. «Vous vous êtes donné la peine de naître, et rien de plus» : quel slogan! Mais parmi les marcheurs du boulevard, combien sont-ils à connaître, à reconnaître l'héritage de Figaro?

t Enterrement du

homme de Lettres,

29 Floréal, an 7,

matin.

Un dernier regard sur la rotonde de la belle maison alors que le convoi funéraire se dirige vers la tombe, à l'épitaphe bien méritée : *Tandem quiesco*, «enfin je me repose». «Homme de lettres», dit le faire-part de décès du «citoyen Caron Beaumarchais»: parmi tant d'autres possibles, son titre le plus sûr à l'immortalité.

Page suivante, l'entrée de la maison, peu de temps avant sa démolition.

TÉMOIGNAGES ET DOCUMENTS

Qu'étais-je donc? Je n'étais rien, que moi,
et moi tel que je suis resté, paresseux comme un âne
et travaillant toujours, en butte à mille calomnies,
mais heureux dans mon intérieur. [...]
N'étant membre d'aucun parti et surtout ne voulant rien être,
par qui pourrais-je être porté? Je ne veux l'être par personne.

Portraits… en rose et noir

Adoré par sa famille et son entourage, Beaumarchais a suscité des haines d'une violence inouïe, qui s'exhalent notamment dans les mémoires de ses adversaires au cours des affaires Goëzman et Kornmann.

Ce portrait serait celui de Julie, la sœur préférée, ou d'Eugénie, la fille unique de Beaumarchais.

Bons sentiments et médiocre littérature

Gudin de La Brenellerie, ami de toujours et poète à ses heures, auteur d'une Vie de Beaumarchais *publiée en 1888, donne au* Courier de l'Europe *(23 octobre 1778) une longue épître à la gloire de son grand homme. Extraits.*

La nature a sur lui versé tous les talents ;
Eclipsant ses rivaux, triomphant de leurs flammes,
Pour manquer d'ennemis il sait trop plaire aux femmes ;
Musicien, poète et convive charmant,
On croirait le plaisir son unique élément ;
Mais fidèle à sa foi, mais fier, mais inflexible,
Suivant de la raison l'attrait irrésistible ;
Mais ne consultant qu'elle et ne cédant jamais
Aux frivoles égards qui nuisent aux succès,
Il a du sein des jeux cultivé les affaires ;
Les Muses à sa voix n'ont point été sévères.
Au théâtre, à son gré, maître des spectateurs,
Il excita les ris ou fit verser des pleurs.
Orgueil de la Tamise et de la Delaware,
Depuis à ses travaux ouvrant un champ plus rare,
Sa main quitta la lyre, et soudain ses vaisseaux
S'élancent de nos ports et franchissent les flots.
Rien n'étonne son cœur, rien ne trouble sa tête,
En tous temps au besoin sa force est toujours prête :
Entouré de périls il rassurait nos cœurs,
Calme, il nous consolait de ses propres malheurs ;
Sans faste et sans effort, il a pendant l'orage
La noble fermeté dont se pique le sage.

L'injuste emprisonnement de Beaumarchais à Saint-Lazare, en mars 1785, eut un tel retentissement qu'il devint le sujet d'une suite de gravures (ci-dessus et page suivante).

Une épouse inconsolable

Thérèse, la «ménagère» devenue la troisième épouse, avait un réel talent de plume, et ses amis la surnommaient la «nouvelle Sévigné». Cette lettre, adressée en 1809 à un correspondant inconnu, témoigne au moins de sa fidélité à Beaumarchais, disparu dix ans auparavant.

B. n'était ni ambitieux ni turbulent; il avait un génie actif, dont il disposait à son gré, et selon les événements un courage à toute épreuve, une force d'âme qui l'aidait puissamment à surmonter tous les dégoûts dont on a constamment abreuvé sa vie; une fierté de caractère qui n'a jamais fléchi, une horreur invincible pour toute espèce d'injustice; jamais de sa vie il ne s'est poussé à travers les querelles de personne, il s'en est tenu à la défense; les circonstances, l'espèce de ses ennemis, des événements publics, son talent, la clarté et la force de ses raisonnements, et de ses preuves, ont mis à ses plaidoyers le cachet de la célébrité; c'est à elle en grande partie qu'il a dû ses nombreux ennemis. […] Un ambitieux ne rit jamais; toujours soucieux, préoccupé, distrait, n'ayant qu'un objet en vue, il s'occupe fort peu des autres. [Or] ce qu'il y a de plus connu, et de moins contesté dans le caractère de B., c'était son inépuisable gaieté, dont il faisait jouir ses amis et sa société […], vous qui l'avez vu de si près, gai jusques à la folie, gai avec abandon et bonhomie, conteur charmant qu'on ne se lassait jamais d'entendre, gabeur [*blagueur*] mais jamais satirique ; ne souffrant jamais qu'on se donnât carrière sur un absent. Bon par excellence pour sa femme, ses parents et ses domestiques. Adoré de tous. Voilà dans l'exacte vérité ce qu'il était.

A l'assaut du «sieur Caron»

En septembre 1773, l'affaire Goëzman bat son plein. Partie (fort peu) civile, Mme Goëzman contre-attaque. Simple porte-parole de son mari, la «dame aux quinze louis» mêle aux arguments juridiques des attaques personnelles contre celui qu'elle nomme avec mépris le «sieur Caron».

Mon âme a été partagée entre l'étonnement, la surprise et l'horreur en lisant le libelle que le sieur Caron vient de répandre : l'audace de l'auteur étonne ; le nombre et l'atrocité de ses impostures excitent la surprise ; l'idée qu'il donne de lui-même fait horreur. […] Le sieur Caron, fils d'un horloger, et longtemps horloger lui-même, quoique devenu fameux, plus que célèbre, sous le nom de Beaumarchais […], cet homme accoutumé à se jouer de tout […], l'on verra, d'après l'idée que j'en vais tracer, quel est cet homme qui, après avoir rempli ma maison de pièges, est venu ensuite y jeter le trouble et la tristesse.

Mémoire pour Mme Goëzman, 1773

«Ah! Si tu pouvais pleurer!»

Les tirades à la fois pompeuses et mesquines de Mme Goëzman ne sont rien à côté des imprécations de Kornmann, dictées par l'avocat Bergasse. Que cette diatribe n'ait pas révolté le public montre bien le divorce entre Beaumarchais et l'opinion, moins de trois ans après Le Mariage de Figaro.

Malheureux ! Qu'as-tu fait ? Pleure !… Ah ! Si tu pouvais pleurer ! Ecoute. Je sais ta vie tout entière ; elle est exécrable, ta vie… Ambitieux de toute espèce de succès, ne trouvant en toi-même, dans la conscience naturelle de tes forces, aucune ressource pour parvenir ; mais audacieux, mais vain, mais indifférent sur les moyens qu'il te fallait employer, parce que tu ne connais pas la pitié et les sentiments profonds de justice qu'elle enfante ; intrigue, bassesse, mensonges, calomnies, attentats, tour-à-tour tu as mis tout en œuvre pour t'élever au degré de réputation, de richesse, de puissance où tu es arrivé, et dont il faudra bien que tu descendes. Oh ! Mets la main sur ton cœur ; dis-moi si, parmi tant de complots formés pour accroître ou maintenir ta fortune, pour te dérober à l'œil vigilant des Lois, pour t'environner quelques instants d'une opinion favorable, dis-moi si tu fus jamais tranquille ; dis-moi si cette douce paix qui n'abandonne pas l'homme de bien même au sein des plus grandes infortunes, dis si tu l'as connue un seul instant, au milieu des jouissances tumultueuses que tu n'as cessé de poursuivre […]; dévoile ton âme tout entière ; apprends au monde épouvanté ce qu'il t'en a coûté de fatigues, de peines, d'inquiétudes, d'amertumes secrètes pour te soutenir dans l'affreuse carrière où tu marches depuis si longtemps ; comme moi, donne une grande leçon aux hommes ; j'en ai donné une de patience, de modération, de courage peut-être, donne aux hommes une grande leçon de repentir. Ah ! Si tu pouvais pleurer !

Mémoire du sieur Kornmann, 1787

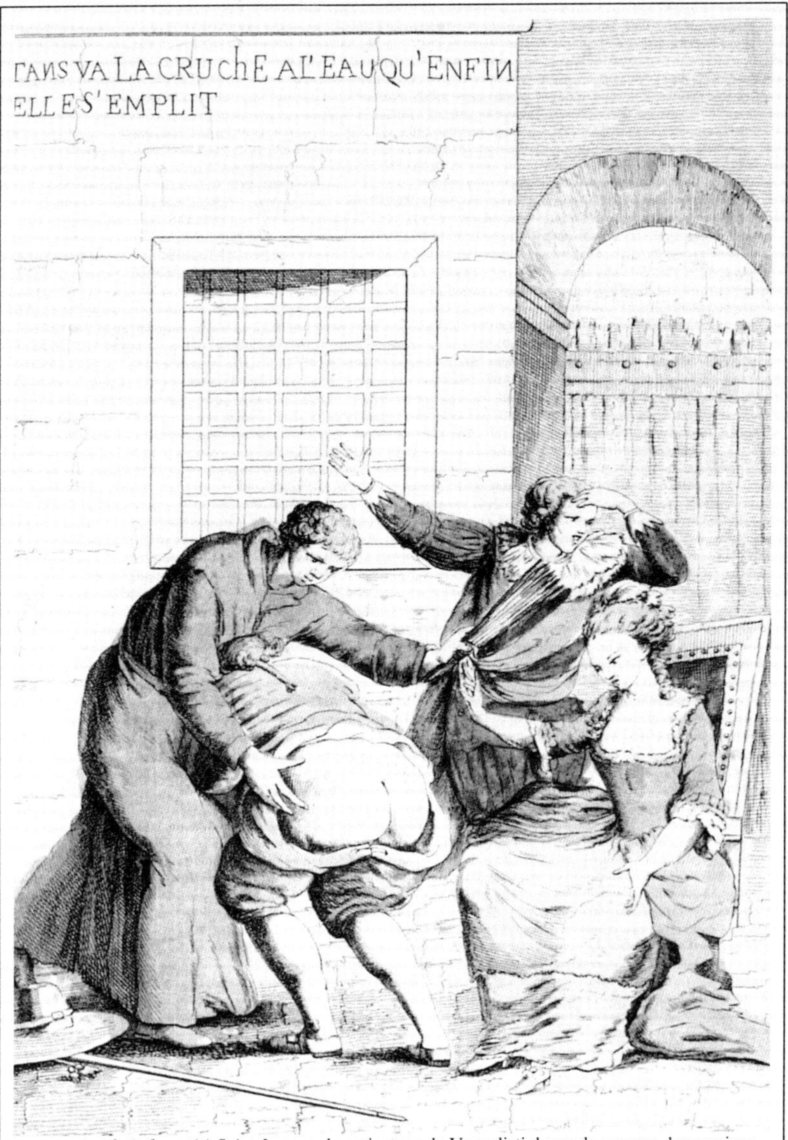

Beaumarchais fouetté à Saint-Lazare : la caricature de Vangelisti donne la mesure des passions – souvent hostiles – que le dramaturge avait suscitées dans l'opinion publique.

Beaumarchais par lui-même

Admirable autoportrait de l'artiste en mal-aimé… A la fin de sa vie, Beaumarchais s'interroge sur cette «réputation détestable» qui, comme à Figaro, lui a si souvent collé à la peau. C'est que, comme son héros, il a «tout vu, tout fait, tout usé», et s'en vante. Mais ce dilettantisme aristocratique est refusé à un fils d'horloger, fût-il devenu Monsieur de Beaumarchais ; reste, aux yeux de tous, un aventurier aux cent masques divers, sans racines ni attaches.

Robin.

1er.

Toujours, toujours, il est toujours le même,
Jamais Robin,
Ne connut le chagrin ;
Le tems sombre, ou serein,
Les jours gras, le carême ;
Le matin ou le soir,
Dites blanc, dites noir ;
Toujours, toujours, il est toujours le même.

La *Chanson de Robin*, par Beaumarchais : une image qui lui ressemble.

Avec de la gaieté et même de la bonhomie, j'ai eu des ennemis sans nombre et n'ai pourtant jamais croisé, jamais couru la route de personne. A force de m'*arraisonner* j'y ai trouvé la cause de tant d'inimitiés. En effet, cela devait être.

Dès ma folle jeunesse, j'ai joué de tous les instruments. Mais je n'appartenais à aucun corps de musiciens. Les gens de l'art me détestaient.

J'ai inventé quelques bonnes machines ; je n'étais pas des corps mécaniciens. L'on y disait du mal de moi.

Je faisais des vers, des chansons. Mais qui m'eût reconnu pour poète ? J'étais le fils d'un horloger.

N'aimant pas le jeu du loto, j'ai fait des pièces de théâtre. Mais on disait : de quoi se mêle-t-il ? Pardieu ! ce n'est pas

Pour ampliation
De Vergennes

C'est Vergennes, ministre des Affaires étrangères de Louis XVI, qui remet à Beaumarchais les fonds secrets de l'aide aux Insurgents.

un auteur ; car il fait d'immenses affaires et des entreprises sans nombre.

Faute de rencontrer qui voulût me défendre, j'ai imprimé de grands mémoires pour gagner des procès qu'on m'avait intentés et que l'on peut nommer atroces. Mais on disait : vous voyez bien que ce ne sont point des factums comme les font nos avocats. *Inde irae.* Il n'est pas ennuyeux à périr ! Souffrira-t-on qu'un pareil homme prouve sans nous qu'il a raison ?

J'ai traité avec les ministres de grands points de réformation dont nos finances avaient besoin ; mais on disait : de quoi se mêle-t-il ? Cet homme n'est point financier !

Luttant contre tous les pouvoirs du clergé et des magistrats, j'ai relevé l'art de l'imprimerie française par les superbes éditions de Voltaire, entreprise regardée comme au-dessus des forces d'un particulier. Mais je n'étais point imprimeur. On a dit le diable de moi.

J'ai fait battre à la fois les maillets de trois ou quatre papeteries, sans être manufacturier. J'ai eu les fabricants et les marchands pour adversaires.

J'ai fait le haut commerce dans les quatre parties du monde. Mais je ne m'étais point déclaré négociant.

J'ai eu quarante navires à la fois sur la mer ; mais je n'étais point armateur. On m'a dénigré dans nos ports. Un vaisseau de guerre à moi de 52 canons a eu l'honneur de combattre en ligne avec ceux de Sa Majesté à la prise de la Grenade. A travers l'orgueil maritime, on a donné la croix au capitaine de mon vaisseau de guerre, à mes autres officiers des récompenses militaires. Et moi qu'on regardait comme un intrus, j'y ai perdu ma flottille qu'il convoyait.

J'ai traité des affaires de la plus haute politique. Et je n'étais point classé parmi les négociateurs.

De tous les Français quels qu'ils soient, je suis celui qui a fait le plus pour la liberté du continent de l'Amérique, génératrice de la nôtre, dont seul j'osai former le plan et commencer l'exécution malgré l'Angleterre, l'Espagne, malgré la France même. Mais j'étais étranger à tous les bureaux des ministres. *Inde irae.*

Lassé de voir nos habitations alignées et nos jardins sans poésie, j'ai fait une maison qu'on cite ; mais je n'appartiens point aux arts. *Inde irae.*

Qu'étais-je donc ? Je n'étais rien, que moi, et moi tel que je suis resté, paresseux comme un âne et travaillant toujours, en butte à mille calomnies, mais heureux dans mon intérieur. Libre au milieu des fers, serein dans les plus grands dangers, n'ayant jamais été d'aucune coterie ni littéraire, ni politique, ni mystique, faisant tête à tous les orages, un front d'airain à la tempête, les affaires d'une main et la guerre de l'autre. N'ayant fait de cour à personne, et partant, repoussé de tous. N'étant membre d'aucun parti et surtout ne voulant rien être, par qui pourrais-je être porté ? Je ne veux l'être par personne.

OEUVRES

COMPLETES

DE

VOLTAIRE.

TOME SOIXANTE-DIXIEME.

L'édition de Voltaire n'a pas fait la fortune de Beaumarchais ; elle a servi sa gloire.

Un moraliste classique

Confidences personnelles, citations d'auteurs aimés – de Rabelais à Montesquieu ou Voltaire –, réserve de répliques et bons mots, utilisés ou non, pour des pièces ou des mémoires judiciaires : ce sont au total plus de cinq cents «notes et réflexions» que l'on a retrouvées, éparses, dans les papiers de Beaumarchais, et intégralement publiées en 1961. Il y est question des lois, des femmes, de la Cour, du monde comme il ne va pas, tantôt sur un ton sentencieux, tantôt avec une gaieté acide qui fait penser à Chamfort.

Quelle noirceur de m'accuser de n'être admis nulle part, en me faisant chasser de partout.

•

Ils se servent des droits qu'ils ont pour usurper sans risque ceux qu'ils n'ont pas.

•

Les propositions des gens puissants sont de ces offres vagues dont un air de puissance et la facilité de les éluder rendent souvent les Grands prodigues.

•

Pour suivre l'ordre moral, on fait partout violence à l'ordre physique, partout les penchants les plus naturels sont en contradiction avec les devoirs. Dans ce combat perpétuel, les hommes ne sont plus qu'un assemblage de malheureux qui passent leur vie à se tourmenter tour à tour en se plaignant de la nature, qui les eût tous rendus heureux si leurs institutions ne l'avaient pas sans cesse outragée.

•

C'est le tiers état qui fournit tous les grands hommes. Dans tout empire où il n'y a que des grands et des petits, on ne voit que des maîtres insolents et de vils esclaves. C'est du tiers état, de l'état mitoyen entre la populace et la haute noblesse, que sortent les arts, les lumières et toutes les grandes idées utiles à l'humanité.

•

A la cour, l'art de pénétrer les hommes a fait le même progrès que celui de se déguiser.

•

Il faut voir. Non, il faut faire.

•

Les femmes sont comme les girouettes. Quand elles se rouillent, elles se fixent [*d'après Voltaire*].

•

Elle était d'une gaieté si agréable qu'elle n'opposa que des difficultés engageantes.

•

[…] En général les gens qui se refusent à leurs goûts sont d'une rigueur extrême pour les faiblesses d'autrui.

•

Calomnions d'abord, nous l'accuserons ensuite d'avoir la mauvaise réputation que nous lui aurons donnée.

•

Qu'apprennent les officiers à tourner à droite, à gauche pendant la paix, souvent pour tourner le dos pendant la guerre ?

•

Qu'est-ce que la vie ? Un drame où chacun joue son personnage ; une fois la toile baissée, le maître, le valet, l'usurpateur, le bon roi, la princesse opprimée, le héros poignardé, tous vont paisiblement souper et reposer ensemble.

•

Si le mot de Liberté pouvait signifier quelque chose dans les monarchies, ce ne serait jamais que le pouvoir maintenu dans le peuple de défendre ses lois contre l'usurpation de ses rois.

•

J'ai vu en Angleterre les actions les plus extravagantes se faire avec un air de réflexion qui en imposait au vulgaire, et quelquefois, en France, j'ai vu les actes les plus sensés perdre tout leur mérite par l'air d'étourderie qui les accompagnait.

•

Nos lois sont comme toiles d'araignées, les moucherons y sont pris, les hannetons s'en sauvent. Avis aux grands voleurs [*d'après Rabelais*].

•

La différence qu'on peut mettre entre un homme franc et un insolent, c'est que le premier est entraîné par la force de la vérité qu'il ne peut jamais déguiser, et que le deuxième ne dit tout ce qu'il pense que par mépris pour la manière dont les autres prennent ses discours. Le ton seul annonce la différente intention de ces deux hommes, dont la première peut corriger mais dont la seconde se fait toujours haïr.

Notes et réflexions,
Hachette, 1961

Polémique et politique

A quelques mois de distance, Beaumarchais s'adresse à deux destinataires institutionnels : le Parlement de Paris – mais surtout, à travers lui, l'opinion publique – et le roi. Deux tons bien différents, mais la même verve caustique, le même sens de l'image qui fait mouche, pour susciter le rire contre un ennemi personnel, ou le ressentiment contre l'«ennemi naturel».

A l'abordage!

Dans l'affaire Goëzman, Beaumarchais s'enhardit à mesure que l'opinion bascule en sa faveur. Témoin ce jubilant portrait au vitriol de Marin, censeur royal, directeur de la Gazette de France *– et allié de Goëzman. Signe éclatant du succès, la «légende» de Marin, en occitan (il était né à La Ciotat), amusa Marie-Antoinette, qui mit à la mode sous ce nom une coiffure à plumes, la* quesaco.

Voilà mon Marin les bras retroussés jusqu'au coude et pêchant le mal en eau trouble; il en dit hautement tant qu'il veut; il en fait sourdement tant qu'il peut; il arrête d'un côté les réputations qu'il déchire de l'autre : censures, gazettes étrangères, nouvelles à la main, à la bouche, à la presse; journaux, petites feuilles, lettres courantes, fabriquées, supposées, distribuées, etc., etc., encore quatre pages d'*et caetera*; tout est à son usage. Ecrivain éloquent, censeur habile, gazetier véridique, journalier de pamphlets; s'il marche, il rampe comme un serpent; s'il s'élève, il tombe comme un crapaud. Enfin, se traînant, gravissant, et par sauts et par bonds, toujours le ventre à terre, il a tant fait par ses journées qu'enfin nous avons vu de nos jours le corsaire allant à Versailles, tiré à quatre chevaux sur la route; portant pour armoiries aux panneaux de son carrosse, dans un cartel en forme de buffet d'orgues, une Renommée en champ de gueule, les ailes coupées, la tête en bas, raclant de la trompette *marine*; et pour support une figure dégoûtée, représentant l'Europe; le tout embrassé d'une soutanelle doublée de gazettes, et surmontée d'un bonnet carré avec cette légende à la houppe : *Ques-a-co*? Marin.

Quatrième Mémoire, 1774

L'éducation d'un prince

Le maître et son élève… Alors que les Insurgents américains appellent à l'aide, Beaumarchais joue les mentors avec le jeune Louis XVI, âgé de vingt et un ans. A la dénonciation de l'Angleterre, notre «ennemi naturel», se mêlent des leçons d'histoire et de philosophie politique.

Mais, Sire, entre la France et l'Angleterre, y a-t-il jamais eu, peut-il y avoir un seul lien capable d'arrêter Votre Majesté? Quand il est prouvé que le repos de votre royaume, le bien-être de vos sujets, la splendeur de votre règne dépendent uniquement de l'abaissement où vous aurez l'art de tenir cet ennemi naturel, ce rival jaloux de vos succès, ce peuple toujours injuste envers vous par système; et qui n'a d'autre principe à votre égard que cette damnable maxime : «si nous voulons être justes envers les Français et les Espagnols, nous aurions trop à restituer. Notre devoir est de les affaiblir sans cesse»? Maxime répétée mille fois et mille fois applaudie dans la bouche de ce fameux Pitt, devenu l'idole de la nation anglaise […].

Si les hommes étaient des anges, sans doute il faudrait mépriser, détester même la politique : mais si les hommes étaient des anges, il n'auraient pas besoin non plus de religion pour les éclairer, de lois pour les régir, de magistrats pour les contenir, de soldats pour les soumettre; et la terre, au lieu d'être une image vivante de l'enfer, serait elle-même un séjour céleste. Mais enfin, il faut les peindre tels qu'ils sont, et le roi le plus juste ne peut pas aller plus loin avec eux que le législateur Solon, qui disait : «Je n'ai pas donné aux Athéniens les meilleures lois possibles; mais seulement les plus convenables aux lieux, aux temps, et aux hommes pour qui je travaille». D'où il suit que, quoique la politique soit fondée sur des principes très imparfaits, elle est fondée, et que le roi qui voudrait seul être exactement juste au milieu des méchants et rester bon au milieu des loups s'en verrait bientôt dévoré, lui et son troupeau.

Adresse très importante au Roi seul, 1775

La «quesaco», coiffure inspirée par les démêlés de Beaumarchais avec le censeur Marin.

«Amoureux par folles bouffées»

L'aveu de Figaro vaut aussi pour Beaumarchais : ce fut un homme «qui aimait les femmes». Les mamans comme ses deux premières épouses, les putains comme Mme de Godeville ou Amélie Houret, sa dernière passion. Sans oublier l'exotisme créole de Pauline Le Breton, ni le charme tranquille de Thérèse, la douce et fine «ménagère» qui dut si souvent le partager avec d'autres.

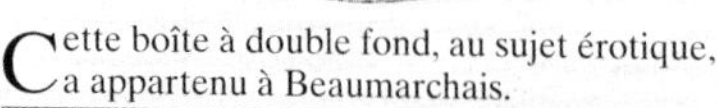

Cette boîte à double fond, au sujet érotique, a appartenu à Beaumarchais.

Fripon, friponne

Entre 1777 et 1779, Beaumarchais a une liaison, plus physique que sentimentale, avec Marie-Madeleine de Godeville, une femme «perdue d'honneur et de débauche» d'après les Mémoires secrets. *Mais l'Amérique, les comédiens français,* Le Mariage de Figaro *et… Thérèse, la «ménagère» officielle, ne lui laissent le temps que de rendez-vous furtifs et de billets émoustillants, tel celui-ci (18 août 1777).*

Ta lettre d'hier, mon cœur, est assez polissonne, révérence parler ; et quoique je sois dans la faiblesse de l'inanition causée par une diète de trois jours, j'ai senti sous mon bureau quelque chose remuer. Qu'est-ce que c'est que ça, ai-je dit. Un peu d'encre sur du papier est-il donc ma maîtresse ? Non ; mais je la vois sous sa lettre, dans cette posture libertine, agitant une main adroite, avec des grâces et de petits mouvements mignards propres à faire péter la ceinture d'un Hollandais. Je vois commencer et finir l'*ave Maria*, et j'avoue (est-ce à ma honte ou à ma gloire ?) que ce n'est pas impunément. Tu me rappelles une petite friponne de maîtresse, bien hautaine, bien capricieuse, mais qui aimait le plaisir autant que moi, et c'était beaucoup dire alors.

Le mal de tout cela, c'est que je vais à Versailles cette après-midi, et que je n'aurai rien de toi pour m'amuser en route… Ah !… Fais-moi ton *salut invirginal* ce matin, et que l'amour t'inspire en me répondant. Je ferai l'impossible pour aller moi-même à trois heures chercher de quoi raccourcir le chemin. Au lieu d'aller dîner chez mon duc au faubourg Saint-Germain, je partirai de chez moi. Ma chaise attendra un moment dans la rue voisine. Tes stores et rideaux bien fermés, car il faut un jour doux pour des yeux délicats ; ton cœur bien disposé, tes sens bien préparés… que sait-on ? Je suis à la vérité un vieux chanteur ; mais s'il me reste un son dans le gosier, il est pour toi seule, et si jamais nous nous chamaillons… Tu n'oublieras pas que je veux emporter ta réponse à cette lettre pour dévorer l'ennui d'un voyage de Versailles.

Voilà ta lettre ministérielle.

«Une eucharistie d'amour»

Beaumarchais est alors âgé de soixante-six ans ; Amélie Houret en a trente de moins. Comme chez Sade emprisonné, le désir se nourrit de la frustration, imposée ici par l'âge, et explose en un feu d'artifice verbal où se mêlent le blasphème, l'amertume et la lubricité la plus crue. Le texte intégral de cette lettre figure dans la revue Dix-Huitième Siècle, *1975.*

Tu ne m'aimes plus, je le sens, malgré tout ce que tu m'écris : je ne m'en plains pas, je suis vieux et trop infortuné pour être aimable ; mais lorsque tu me dis : viens, apporte-moi ton prurit et je le *panse du secret*, je te réponds : *non, foutre, non.* J'ai pu le souffrir sans scrupule lorsque le même hommage te charmait de ma part ; je rougis de penser que je soumettrais mon amie à un plaisir qu'elle ne partage plus : *non.* Ce n'est pas cela qui peut me plaire de ta part : c'était ce bonheur exclusif avec lequel ma langue suppléait à la faiblesse de mon vit […]. Ce temps, Amélie, est passé, et le charme non raisonné d'une réciprocité de ce culte religieux par lequel deux amants cherchent à se prouver que tout leur est cher l'un à l'autre, est fini pour nous deux ! Tu n'auras pas sur moi l'avantage d'un sacrifice dont tu veuilles encore te vanter ! J'ai sucé ta bouche rosée. J'ai dévoré le bout de tes tétons […]. Ce temps de délire est passé […]. Ta triste supériorité m'attriste, et détruit mon bonheur naïf. A moins que toi qui m'écris *foutue bête !*, mettant à m'inviter cette simplicité charmante, ne m'écrives naïvement. Viens me dire que tu m'aimes, viens ! que nos langues se

foutent après, avec le charme d'autrefois […]. Si tu ne m'écris pas cela ce soir avant de te coucher, sauf à me le faire tenir demain matin à mon réveil, tu ne verras pas ton ami, qui, forcé de sortir à huit heures et un quart, ne pourra peut-être pas te rapporter ta douce lettre avant onze heures et demie ou midi ; mais si je la reçois, ou ce soir, ou demain matin, je brusque tout pour aller remonter ton courage et le mien, par notre eucharistie d'amour.

La famille de Figaro

De tous les personnages de Beaumarchais, Figaro est le seul à être doté par son auteur d'une véritable biographie. Gaiement dans Le Barbier de Séville *(acte I, scène 2), sur un ton plus sombre dans* Le Mariage de Figaro *(acte V, scène 3), Figaro revient sur les hauts et les bas de son passé picaresque. Ces rétrospections ont eu peut-être des modèles. Frédéric Deloffre les a rapprochées de la tirade de Trivelin dans* La Fausse Suivante *de Marivaux; et Jean Guéhenno de la* Lettre à Christophe de Beaumont *de Jean-Jacques Rousseau. Quant à Stendhal, au siècle suivant, il saura s'en souvenir.*

TRIVELIN. Que te dirai-je enfin ? Tantôt maître, tantôt valet ; toujours prudent, toujours industrieux, ami des fripons par intérêt, ami des honnêtes gens par goût ; traité poliment sous une figure, menacé d'étrivières sous une autre ; changeant à propos de métier, d'habit, de caractère, de mœurs ; risquant beaucoup, réussissant peu, libertin dans le fond, réglé dans la forme ; démasqué par les uns, soupçonné par les autres, à la fin équivoque à tout le monde, j'ai tâté de tout ; je dois partout [...]. J'ai logé partout, sur le pavé, chez l'aubergiste, au cabaret, chez le bourgeois, chez l'homme de qualité, chez moi, chez la justice, qui m'a souvent recueilli dans mes malheurs ; mais ses appartements sont trop tristes, et je n'y faisais que des retraites ; enfin, mon ami, après quinze ans de soins, de travaux et de peines, ce malheureux paquet est tout ce qui me reste ; voilà ce que le monde m'a laissé, l'ingrat ! après ce que j'ai fait pour lui ! tous ses présents ne valent pas une pistole !

Marivaux, *La Fausse Suivante*, 1724

Du côté de Jean-Jacques Rousseau, ce «génie» qui, selon Beaumarchais, «n'avait ni conduite ni caractère», il serait sans doute plus juste de parler de coïncidence.

Pour moi, je suis toujours demeuré le même ; plus ardent qu'éclairé dans mes recherches, mais sincère en tout, même contre moi ; simple et bon, mais sensible et faible ; faisant souvent le mal, et toujours aimant le bien ; lié par l'amitié, jamais par les choses, et tenant plus à mes sentiments qu'à mes intérêts ; n'exigeant rien des hommes, et n'en voulant point dépendre ; ne cédant pas plus à leurs préjugés qu'à leurs volontés, et gardant la mienne aussi libre que ma raison ; craignant Dieu sans peur de l'Enfer, raisonnant sur la religion sans

libertinage, n'aimant ni l'impiété ni le fanatisme, mais haïssant les intolérants encore plus que les esprits fats; ne voulant cacher mes façons de penser à personne; sans fard, sans artifice en toutes choses; disant mes fautes à mes amis, mes sentiments à tout le monde, au public ses vérités sans flatterie et sans fiel, et me souciant tout aussi peu de le fâcher que de lui plaire. Voilà mes crimes, et voilà mes vertus.

J.-J. Rousseau, *Lettre à Christophe de Beaumont*, 1763

A Figaro, maintenant…

[…] accueilli dans une ville, emprisonné dans l'autre, et partout supérieur aux événements; loué par ceux-ci, blâmé par ceux-là; aidant au bon temps, supportant le mauvais; me moquant des sots, bravant les méchants, riant de ma misère et faisant la barbe à tout le monde; vous me voyez enfin établi dans Séville, et prêt à servir de nouveau Votre Excellence en tout ce qu'il lui plaira m'ordonner.

Le Barbier de Séville, 1775

[…] un assemblage informe de parties inconnues; puis un chétif être imbécile; un petit animal folâtre; un jeune homme ardent au plaisir, ayant tous les goûts pour jouir, faisant tous les métiers pour vivre; maître ici, valet là, selon qu'il plaît à la fortune; ambitieux par vanité, laborieux par nécessité, mais paresseux… avec délices! orateur selon le danger; poète par délassement; musicien par occasion; amoureux par folles bouffées, j'ai tout vu, tout fait, tout usé.

Le Mariage de Figaro, 1784

Stendhal était un grand admirateur de Beaumarchais : tous deux proposent l'énergie comme valeur et l'ironie comme remède au désespoir. A l'évidence, le narrateur du Rouge et le Noir *connaît bien le Figaro du* Mariage. *Tel était, selon ce dernier, le nouveau «système de liberté» établi à Madrid.*

[…] pourvu que je ne parle en mes écrits ni de l'autorité, ni du culte, ni de la politique, ni de la morale, ni des gens en place, ni des corps en crédit, ni de l'Opéra, ni des autres spectacles, ni de personne qui tienne à quelque chose, je puis tout imprimer librement, sous l'inspection de deux ou trois censeurs.

Le Mariage de Figaro, 1784

«Système» que l'on retrouve, accommodé aux peurs de la Restauration, chez le peu libéral marquis de la Mole.

Pourvu qu'on ne plaisantât ni de Dieu, ni des prêtres, ni du Roi, ni des gens en place, ni des artistes protégés par la cour, ni de tout ce qui est établi; pourvu qu'on ne dît du bien ni de Béranger, ni des journaux de l'opposition, ni de Voltaire, ni de Rousseau, ni de tout ce qui se permet un peu de franc-parler; pourvu surtout qu'on ne parlât jamais de politique, on pouvait librement raisonner de tout.

Stendhal, *Le Rouge et le Noir*, 1830

Figaro, l'«insolent»

«Figuaro», écrivait Beaumarchais dans ses premiers manuscrits. «Faire la figue», au XVIIIe siècle, c'est se moquer. Qu'aujourd'hui encore un scandale éclate, qu'une liberté semble menacée, et les «mots» de Figaro, entre rosserie et slogan, paraissent toujours étrangement actuels. Insolences? Peut-être; encore faudrait-il que ses cibles méritent toujours le respect qu'il leur refuse!

Un grand nous fait assez de bien quand il ne nous fait pas de mal [*d'après Montaigne*].

•

Aux vertus qu'on exige dans un domestique, Votre Excellence connaît-elle beaucoup de maîtres qui fussent dignes d'être valets?

•

Je me presse de rire de tout, de peur d'être obligé d'en pleurer.

Le Barbier de Séville

•••

J'étais né pour être courtisan […]. Recevoir, prendre, et demander; voilà le secret en trois mots.

•

LE COMTE. Les domestiques ici… sont plus longs à s'habiller que les maîtres!

FIGARO. C'est qu'ils n'ont pas de valets pour les y aider.

•

N'humilions pas l'homme qui nous sert bien, crainte d'en faire un mauvais valet.

•

LE COMTE. Une réputation détestable!

FIGARO. Et si je vaux mieux qu'elle? Y a-t-il beaucoup de seigneurs qui puissent en dire autant?

•

Parce que vous êtes un grand seigneur, vous vous croyez un grand génie!… Noblesse, fortune, un rang, des places, tout cela rend si fier! Qu'avez-vous fait pour tant de biens? Vous vous êtes donné la peine de naître, et rien de plus. Du reste, homme assez ordinaire; tandis que moi, morbleu! perdu dans la foule obscure, il m'a fallu déployer plus de science et de calculs pour subsister seulement, qu'on n'en a mis depuis cent ans à gouverner toutes les Espagnes : et vous voulez jouter…

•

Ne pouvant avilir l'esprit, on se venge en le maltraitant.

•

Que je voudrais bien tenir un de ces puissants de quatre jours, si légers sur le mal qu'ils ordonnent, quand une bonne disgrâce a cuvé son orgueil ! Je lui dirais… que les sottises imprimées n'ont d'importance qu'aux lieux où l'on en gêne le cours ; que sans la liberté de blâmer, il n'est point d'éloge flatteur ; et qu'il n'y a que les petits hommes qui redoutent les petits écrits.

•

On pense à moi pour une place, mais par malheur j'y étais propre : il fallait un calculateur, ce fut un danseur qui l'obtint.

•

Pour gagner du bien, le savoir-faire vaut mieux que le savoir.

Le Mariage de Figaro

Personnages

Le Comte Almaviva. Grand Corregidor D'Andalo

La Comtesse. Sa femme

Figaro. Vallet de Chambre du Comte et concierge du chateau

Suzanne. 1re Camariste de la Comtesse et fiancée de Fig

Marceline. Femme de Charge.

Antonio Jardinier du Château, Oncle de Suzanne, et Pere de Fanchette

Fanchette. Fille d'Antonio.

Chérubin. 1er Page du Comte.

Bartholo. Médecin de Séville

Bazile. Maitre de Clavecin de la Comtesse

Don Gusman Brid-oison. Lieutenant du Siège

Doublemain. Greffier et Secrétaire de D. Gusman

Un huissier audiancier.

Soleil ~~Robin~~ jeune ~~Gripe Soleil~~. Patoureau

Le *Mariage* et les *Noces*

Le Mariage de Figaro *fut créé le 27 avril 1784, et* Les Noces de Figaro, *opéra de Mozart sur un livret de Da Ponte, le 1er mai 1786 à Vienne. On ne trouve aucune trace de l'événement dans la correspondance de Beaumarchais – qui s'intéressa davantage au* Barbier de Séville *de Paesiello, donné en septembre 1784 à Trianon. Tout ce qu'il put connaître des* Noces *fut un spectacle bizarre, montré à l'Opéra de Paris en mars 1793, où l'on avait inséré les airs de Mozart dans le texte de la pièce. Malgré les encouragements de Beaumarchais aux «acteurs de l'Opéra» – «C'est un très bon projet que le mélange des deux genres» –, ce curieux hybride ne vécut que cinq jours.*

L'opéra a-t-il «trahi» la pièce? Vieux débat, et plus complexe qu'il n'y paraît. Certes, l'étincelant monologue du Mariage *est réduit dans* Les Noces *au pâle* Aprite un po quegli occhi*; mais la cavatine de Figaro à l'acte I* Se vuol ballare, *où l'aristocratique* tempo di minuetto *initial se dégrade en vulgaire* capriola, *fait elle aussi, et brutalement, dégringoler de ses nobles hauteurs l'image du Comte. Bien plus, l'opéra, en avançant au premier acte la révolte du valet, fait apparaître celle-ci comme primordiale, et non plus, ainsi qu'au cinquième acte de la pièce, comme une bouffée de colère dans un moment difficile, vite oubliée quelques scènes plus loin avec la réconciliation finale.*

Un autre aspect «révolutionnaire» de la comédie est la permutabilité des deux grands rôles féminins. Lorsqu'elles échangent leurs vêtements, les Silvia et les Lisette de Marivaux restent aisément reconnaissables, alors que sous les «grands marronniers» du Mariage, *tout le monde prend l'une pour l'autre la maîtresse et sa suivante. Là encore, comme l'indique le musicologue André Tubeuf* («Le Chant mozartien»,

Les premiers interprètes des *Noces de Figaro*, en 1786.

Avant-Scène Opéra, mai-juin 1979), *l'opéra est resté fidèle à la pièce.*

Les personnages des *Noces de Figaro* ont une identité dramatique, sociale, littéraire même. La différence est de ton, de style, de caste même. Nullement d'emploi vocal. *Figaro* ne serait pas *Folle Journée* si on ne pouvait pas les confondre [...]. Chérubin et Suzanne sont de même taille, Suzanne et la Comtesse aussi : elles jouent l'une pour l'autre *sotto i pini del boschetto*, échangent leurs robes et leurs rôles. «*Deh vieni*» est à l'évidence, en tessiture, en sensibilité, en situation, dévolu à Rosine, et c'est le hasard du théâtre, l'équité de la répartition qui l'a attribué, tardivement, à Suzanne (rôle-star, sans air-star). Elles ont même peau, et le Comte s'y trompe, *cieca prevenzione*. Elles chantent même chanson de même voix, et Figaro ne s'y retrouve que quand l'emportement, décontenançant Suzanne, la dénonce sous le masque de la Comtesse. L'identité littéraire de la Comtesse, Suzanne et Chérubin est définie. Théâtralement, ils sont permutables.

André Tubeuf

Plus intéressante encore est la véritable «préformation» du Mariage de Figaro *en opéra. Car le propre de la dramaturgie de Beaumarchais est de faire alterner des dialogues vifs et rapides avec des tirades et des monologues dans lesquels, face à une action trépidante où le moi risque de se dissoudre, chacun tente de se retrouver, de faire le point sur le passé, sur sa tactique ou ses sentiments. Tempo existentiel que l'opéra, alternant les récitatifs et les airs, reproduit dans sa forme et même dans son contenu :* Non so piu cosa son, cosa faccio, *chante le Chérubin de Mozart, écho du «Où suis-je» et du «O bizarre suite d'événements» des monologues d'Almaviva et de Figaro dans le* Mariage de Figaro. *D'où peut-être la promptitude, souvent soulignée, avec laquelle Mozart et Da Ponte se sont emparés de la comédie, moins de deux ans après sa création.*

Mon ancêtre, mon frère

En 1950, Sacha Guitry publia un Beaumarchais *en deux actes et dix-neuf tableaux. Ce festival d'aventures, de galanteries (d'Eon y apparaît plus qu'à son tour), de mots d'auteur et d'anachronismes (Beaumarchais, en 1775, a déjà lu la* Justine *de Sade!) se déroule sous les yeux du bon Gudin, sorte de Dr Watson émerveillé par les exploits d'un paladin sans peur et sans reproche. Le dernier tableau transporte Beaumarchais devant un jury d'académiciens du XVIIe et du XVIIIe siècle, «Tribunal de l'Immortalité» où ne siègent que des médiocres : écho probable de la Commission d'épuration dont Guitry eut lui-même à souffrir après la Libération. Enfin, Molière vint…*

SAURIN. Vous fûtes insolent.

BEAUMARCHAIS. Et je le suis resté.

BOIS-ROBERT. Et combien vaniteux!… Vous avez dit un jour que vous étiez le premier poète de Paris!

BEAUMARCHAIS. Oh – j'ai dit que j'étais le premier poète de Paris… en entrant par la porte Saint-Antoine.

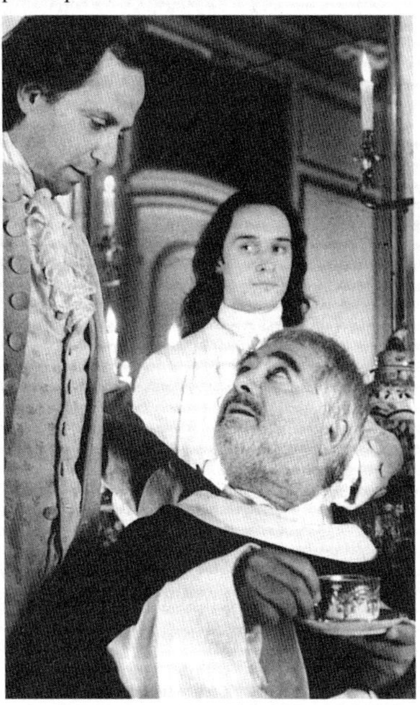

DANCHET. Oui, oh! vous êtes malin!

BEAUMARCHAIS. Là, je n'en faisais vraiment qu'une question d'adresse!

COLLETET. Vous ne nierez pas que vous êtes fat!

BEAUMARCHAIS. Mettez-vous à ma place, Messieurs.

Le *Beaumarchais* de Sacha Guitry est le prétexte d'un film d'Edouard Molinaro, *Beaumarchais l'insolent* (1996), avec Fabrice Luchini dans le rôle principal.

CAMPISTRON. Oui, vous êtes sûr de vous-même ?

BEAUMARCHAIS. Je n'aurais pas la sottise de compter sur vous.

CAMPISTRON. Et vous avez raison, Monsieur de Beaumarchais. Car vous ne passerez pas le seuil de l'Immortalité.

L'HUISSIER, *paraissant*. Monsieur Molière est là, Messieurs, qui voudrait vous parler.

TOUS. Molière !

CAMPISTRON. Messieurs, nous avons tous ici le même sentiment à l'égard de Molière – mais n'oublions pas qu'il n'a pas été de l'Académie Française.

SAURIN. «Rien ne manque à sa gloire – il manquait à la nôtre».

CAMPISTRON. Saurin, je vous en prie.

SAURIN. Je n'ai fait qu'un vers fameux – j'aime à le répéter.

MOLIÈRE. Je n'ai qu'un mot à dire – ou, plus exactement, je n'ai qu'un geste à faire. Monsieur de Beaumarchais, donnez-moi votre bras (*Beaumarchais passe son bras sous celui de Molière*).

MOLIÈRE, *aux autres*. Essayez donc de nous séparer, maintenant – je vous en défie. Messieurs, si vous retiriez d'une bibliothèque les deux pièces de Beaumarchais, cela ferait un vide affreux que rien ne saurait combler. (*A Beaumarchais*) Venez – que je vous présente à Jean de La Fontaine.

Sacha Guitry, *Beaumarchais*, 1950

Acte cinquième

Le théâtre représente une salle de maronniers dans un parc. Deux pavillons, kiosques, ou temples de jardins, ~~formant à clé~~ sont à droite et à gauche dans cette salle. La toile du fond est une clarière ornée.

Scène première

Figaro seul, un manteau sur les épaules se promène en rêvant. Le théâtre est obscur

Après m'avoir obstinément refusé quand je l'en pressais

Dans une injure consommée

~~renversement étrange~~ ailleurs [illegible] le coupable est timide ; ici c'est l'offensé qui n'ose lever les yeux. Mais pour qu'il ne manque [illegible] au paralèlle [illegible] complot, après avoir prévu les suites de ma démarche, [illegible] faible comme elles, je vais vous lire mon ouvrage. Il le lut on le critiqua ! J'en vais faire autant ; vous aussi.

Et moi qui n'étant ni belle femme ni jeune auteur, dois être moins imprudent, semblable à mes frères les hommes, pour qui tout exemple est perdu, je vais vous lire aussi mon œuvre à risque, péril et fortune.

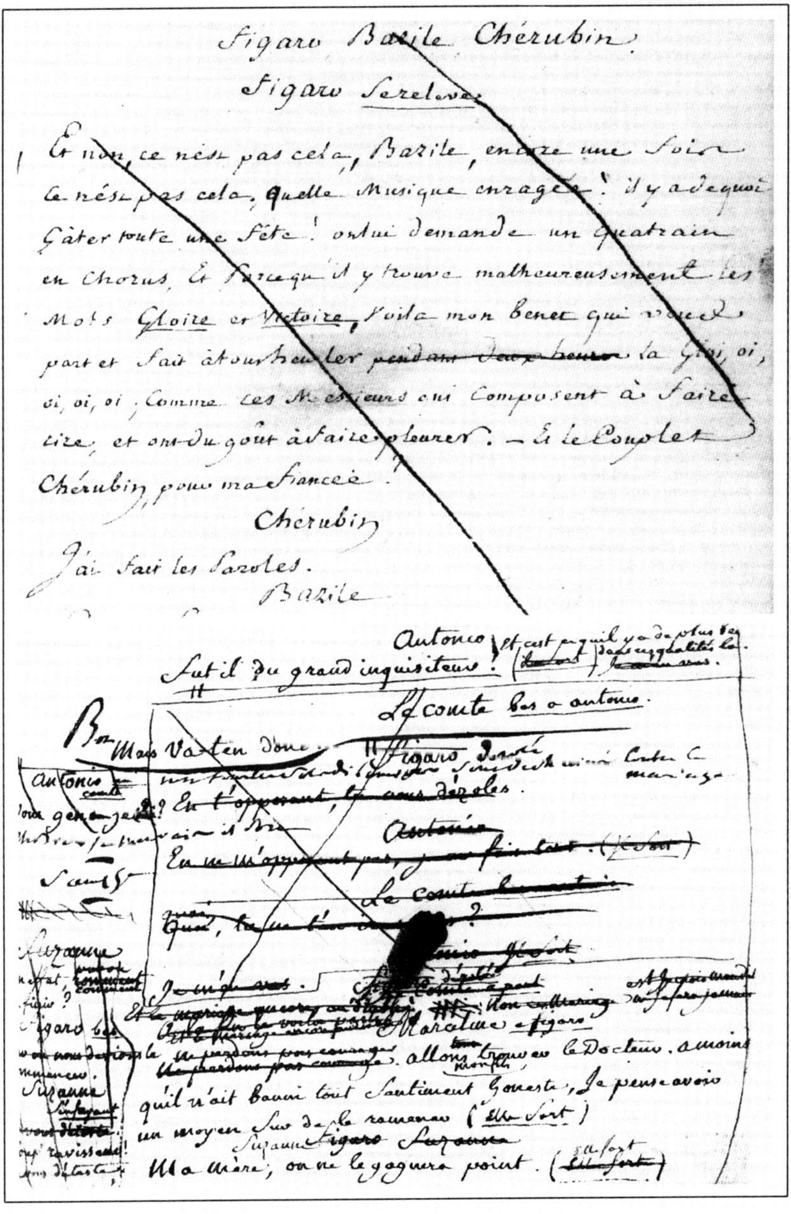

Figaro Bazile Chérubin

Figaro Se relevant

Eh non, ce n'est pas cela, Bazile, encore une fois ce n'est pas cela. Quelle musique enragée ! il y a de quoi gâter toute une fête ! on lui demande un quatrain en chorus. Et parce qu'il y trouve malheureusement les mots Gloire et Victoire, voilà mon benêt qui vous part et fait à tout hurler ~~pendant deux heures~~ la Gloi, oi, oi, oi, oi, comme ces Messieurs qui composent à faire rire, et ont du goût à faire pleurer. — Et le Couplet Chérubin pour ma fiancée.

Chérubin

J'ai fait les paroles.

Bazile

Fut-il du grand inquisiteur ! (Antonio)

Le Comte bas à Antonio.

Mais va-t'en donc

En t'opposant

Antonio

En ne m'opposant pas

Marceline à Figaro

allons trouver le Docteur. à moins qu'il n'ait banni tout sentiment honnête, je pense avoir un moyen sûr de le ramener (Elle sort)

Suzanne

Ma mère, on ne le gagnera point. (Elle sort)

CHRONOLOGIE

1732 (24 janvier) Naissance à Paris de Pierre-Augustin Caron, fils d'André-Charles Caron, maître horloger.
1753-1754 Affaire Lepaute.
1755 «Caron fils», horloger du roi.
Achète la charge de Contrôleur de la bouche.
1756 Epouse Mme Franquet, née Aubertin.
Prend le nom de Beaumarchais.
1757 ou **1758** Rencontre Lenormant d'Etioles.
1759 Maître de harpe des filles de Louis XV.
1760 Rédige des parades (peut-être dès 1758).
Rencontre le financier Pâris-Duverney, qui l'associe à ses affaires.
1761 Achète la charge de Secrétaire du roi.
1763 S'installe rue de Condé.
Achète la charge de Lieutenant général des chasses.
1764-1765 Voyage en Espagne. Affaire Clavijo.
1765 (?) Rédige *Le Sacristain*.
1767 *Eugénie*, drame, à la Comédie-Française.
1768 Epouse Mme Lévêque, née Wattebled.
1770 *Les Deux Amis*, drame, à la Comédie-Française.
Signe un arrêté de compte avec Pâris-Duverney. Mort de Pâris-Duverney.
1771 La Blache, héritier de Duverney, attaque l'arrêté de compte.
1772 Premier procès contre La Blache : victoire.
Le Barbier de Séville, opéra-comique.
1773 Deuxième procès contre La Blache (Parlement de Paris) : défaite.
Affaire de Chaulnes. Incarcéré au For-l'Evêque (26 février-8 mai).
1773-1774 Affaire Goëzman. Publie les quatre *Mémoires contre Goëzman.*
1774 Condamné au blâme.
Rencontre Marie-Thérèse de Willermaulaz, la «ménagère», qu'il épousera en 1786.
1774-1776 Missions secrètes : affaires Théveneau de Morande, Angelucci, d'Eon.
1775 *Le Barbier de Séville* à la Comédie-Française.
Premiers contacts avec les Insurgents américains.
1776 Création de Roderigue Hortalez et Cie.
S'installe, comme locataire, à l'hôtel des Ambassadeurs de Hollande.
L'arrêt de blâme est cassé.
1777 Naissance de sa fille Eugénie.
Fondation de la Société des auteurs dramatiques.
1778 Troisième procès contre La Blache (Parlement d'Aix); *Réponse ingénue* et *Le Tartare à la légion* : victoire définitive.
1779 Achète à Panckoucke les manuscrits de Voltaire.
Observations sur le Mémoire justificatif de la cour de Londres.
1780 Installe à Kehl la «Société littéraire et typographique», qui éditera les *Œuvres complètes* de Voltaire (mais aussi de Jean-Jacques Rousseau), *Les Caractères* de La Bruyère, etc.
1781 Engage la «bataille» du *Mariage de Figaro*.
Investit dans la Compagnie des Eaux de Paris.
1782 Prête 700 000 livres au duc de Choiseul, pour une opération immobilière.
1784 *Le Mariage de Figaro* à la Comédie-Française.
1785 Incarcéré à Saint-Lazare (8-13 mars).
Publication du *Mariage*, avec la Préface.
Polémique avec Mirabeau au sujet des Eaux de Paris.
1787 *Tarare* à l'Opéra de Paris.
Achète un terrain près de la Bastille, sur lequel Lemoine lui construira une somptueuse demeure.
1787-1789 Phase judiciaire de l'affaire Kornmann. *Mémoires contre Kornmann* (et contre son avocat, Bergasse).
1789 Fin de la publication des *Œuvres complètes* de Voltaire.
Condamnation de Kornmann et Bergasse.
Député à la Commune de Paris.
1791 S'installe dans sa nouvelle maison, boulevard Saint-Antoine.
1792 *La Mère coupable*, drame, au théâtre du Marais.
Incarcéré à l'Abbaye (23-29 août).
1792-1795 Affaire des fusils de Hollande.
1793 Publie les *Six Epoques*, réponse au député Lecointre.
1794 Inscrit sur la liste des émigrés.
1794-1796 Exil à Hambourg.
1796 Retour à Paris.
Mariage d'Eugénie avec Toussaint Delarüe.
1799 Lettres au *Journal de Paris* sur Voltaire et la religion.
18 mai : mort de Beaumarchais à Paris.

BIBLIOGRAPHIE

LIRE BEAUMARCHAIS

– *Œuvres*, édition P. et J. Larthomas, Gallimard, Bibliothèque de la Pléiade, 1988.
– *Théâtre*, édition J.-P. de Beaumarchais, LGF – Le Livre de Poche, «Pochothèque», 1999.
– *Correspondance*, édition B. N. Morton et D. Spinelli, Nizet, depuis 1969 (4 vol. parus).

QUELQUES ÉTUDES IMPORTANTES

– L. de Loménie, *Beaumarchais et son temps*, Paris, 2 vol., 1856.
– E. Lintilhac, *Beaumarchais et ses œuvres*, Paris, 1887.

Aujourd'hui encore, il faut avoir lu «le» Loménie… Ces deux classiques sont réimprimés chez Slatkine. Ils ont généreusement nourri la plupart des innombrables biographies de Beaumarchais. Parmi les études modernes, sur l'homme et/ou l'œuvre, sont à retenir :

– J. Scherer, *La Dramaturgie de Beaumarchais*, Nizet, 1954.

– J. Gatty, *Beaumarchais sous la Révolution*, Leiden, Brill, 1976.

– G. Conesa, *La Trilogie de Beaumarchais*, PUF, 1985 (dramaturgie et stylistique).

– R. Pomeau, *Beaumarchais ou la bizarre destinée*, PUF, 1987 (remarquable synthèse).

– G. et M. von Proschwitz, *Beaumarchais et* Le Courier de l'Europe, Oxford, Voltaire Foundation, 2 vol., 1990 (avec de nombreux documents inédits).

– B. Didier, *Beaumarchais ou la passion du drame*, PUF, 1994.

– V. Géraud, *Beaumarchais, l'aventure d'une écriture*, Champion, 1999.

– M. Lever, *Pierre-Augustin Caron de Beaumarchais* (t. I, *L'Irrésistible Ascension*, 1999; t. II, *Le Citoyen d'Amérique*, 2003, Fayard (la grande biographie actuelle).

On trouvera enfin un relevé des éditions et des travaux critiques dans :

– B. N. Morton et D. Spinelli, *Beaumarchais, a Bibliography,* Ann Arbor (Michigan), Olivia & Hill Press, 1988.

TABLE DES ILLUSTRATIONS

l'Académie des sciences, signée Caron fils, horloger du roi rue Saint-Denis, Archives de l'Académie des sciences.
18 *Beaumarchais*, peinture de Nattier, 1755, coll. part.
18d Planche d'horlogerie, *Encyclopédie* de Diderot et d'Alembert.
19 *Madame Victoire*, peinture de Nattier, musée de São Paulo.
19b Mécanisme d'horlogerie, signé Caron, coll. part.

CHAPITRE II

20 *Répétition d'une comédie*, peinture de Luis Paret y Alcazar, musée du Prado, Madrid.
21 *Etablissement de l'Ecole royale militaire par Louis XV*, gravure de Saint-Aubin, Bibl. nat. de France, Paris.
22 *La Malédiction paternelle*, peinture de Greuze, musée du Louvre, Paris.
23 Planche «harpe», *Encyclopédie* de Diderot et d'Alembert.
23h *Concert de chambre*, miniature de Pierre-Antoine Baudoin, musée du Louvre, Paris.
23b *Maison d'Etiolles à M. Le Normant de Tournehem*, peinture de Grevembroek, musée de l'Ile-de-France, Sceaux.
24/25 *Etablissement de l'Ecole militaire par Louis XV*, gravure.
25 *Pâris-Duverney*, gravure, coll. part.
25b *Chasse royale*, gravure, Bibl. nat. de France, Paris.
26 *Charles III*, peinture de Mengs, Real Academia de Bellas Artes de San Fernando.
26/27 *Répétition d'une comédie*, peinture de Luis Paret y Alcazar, musée du Prado, Madrid.
28 *Eugénie*, 1767, page de titre, coll. part.
28/29 Illustration pour *Eugénie*, gravure de A. J. Duclos d'après un dessin de H. Gravelot, Bibl. nat. de France, Paris.
29 *Diderot*, peinture de J. H. Fragonard, musée du Louvre, Paris.
30 *Les Deux Amis*, acte III, scène 5, dessin, Bibliothèque de l'Arsenal, Paris.
30d *Les Deux Amis*, 1770, page de titre, Bibl. nat. de France, Paris.
30b *J.-F. Villiez marchand et banquier à Nancy*, peinture, XVIIIe siècle, Musée historique lorrain, Nancy.
31 *Les Deux Amis*, acte II, scène 5, et acte V, scène dernière, dessins, Bibl. de l'Arsenal, Paris.
32 *Barbier élégant*, gravure aquarellée de Devere, Bibl. nat. de France, Paris.
32/33 *L'Amour au Théâtre français*, peinture de Watteau, Staatliche Museen, Berlin.
33 *Le Comte de La Blache*, peinture d'Elisabeth Vigée-Lebrun, coll. part.

CHAPITRE III

34 *Combat naval remporté devant l'île de la Grenade*, peinture de Jean-François Hue, château de Versailles.
35 *Actrice dans le rôle de Rosine*, gouache anonyme, fin XVIIIe siècle, musée Carnavalet, Paris.
36 *Président au Parlement*, peinture, XVIIIe siècle, château de Versailles.
36d *Le Duc de Chaulnes représenté en Hercule*, peinture de Nattier, musée du Louvre, Paris.
37 *Le Palais de Justice de Paris*, peinture de P. A. Demachy, coll. part.
37b *Le Concierge du For-L'Evêque*, gravure, Bibl. nat. de France, Paris.
38 *Chute du chancelier Maupeou*, gravure allégorique et satirique, Bibl. nat. de France, Paris.
38d *Maupeou*, peinture de Pierre Lacour, château de Versailles.
39 *Le Prince de Conti*, aquarelle de Carmontelle, musée Condé, Chantilly.
39d Jugement du 26 février 1774, coll. part.
40 *Thérèse de Willermaulaz*, peinture de Kymli, 1777, coll. part.
40/41 *Le Barbier de Séville*, acte II, scène de la lettre, lavis, école hollandaise, XVIIIe siècle, Bibl. de l'Arsenal, Paris.
40/41b Signature de Beaumarchais, coll. part.
41 *Le Barbier de Séville*, manuscrit de Beaumarchais, Bibl. de la Comédie-Française, Paris.
42 *Mlle Doligny en Rosine, Bellecour en Almaviva et Désessarts en Bartholo, Le Barbier de Séville*, acte II, scène 13, Bibl. de la Comédie-Française, Paris.
43 *Thénard dans le rôle de Figaro, idem.*
43h Affiche des comédiens français et italiens, bois anonyme, 1776, Bibl. nat. de France, Paris.
43b *Molé*, gravure, Bibl. nat. de France, Paris.
44 *Hannover Square*, peinture d'Elias Martin, 1770, coll. part.
45 *La Comtesse Du Barry*, peinture de François Drouais, Chambre de Commerce de Versailles.
45b *Marie-Thérèse impératrice d'Autriche*, gravure, Bibl. nat. de France, Paris.
46 Lettre du chevalier d'Eon, signée, coll. part.
46d *Le Chevalier d'Eon*, gravure, Bibl. nat. de France, Paris.
46/47 Lettre de Beaumarchais au roi, annotée par Louis XVI, coll. part.
48 *Le Port de Brest*, peinture de Jean-François Hue, musée de la Marine, Paris.
48b *Le Comte de Vergennes*, école

CHAPITRE IV

CHAPITRE V

l'Abbaye, gravure, musée Carnavalet, Paris.
86/87 *Comité de l'An II*, gravure aquarellée, Bibl. nat. de France, Paris.
88/89 *L'Appel des dernières victimes de la Terreur*, esquisse de Charles-Louis Müller, château de Versailles.
90/91 *Comité de Salut public de l'An II*, aquarelle, Bibl. nat. de France, Paris.
90 *Le Débarquement de Quiberon*, peinture de Jean Sorieul, musée des Guerres de Vendée, Cholet.
91 *Eugénie de Beaumarchais*, peinture de Thévenin, 1793, coll. part.
92 *Première Assemblée du Congrès américain*, gravure de Godefroy, Bibl. nat. de France, Paris.
93 Lettre de change du Congrès américain à Beaumarchais, coll. part.
93b *Silas Deane*, gravure, Bibl. nat. de France, Paris.
94/95 Faire-part de décès de Beaumarchais, 1799, coll. part.
94 *L'Assassinat des plénipotentiaires de Rastadt*, gravure, Bibl. nat. de France, Paris.
95 Détails d'un projet de machine aérostatique, musée de l'Air et de l'Espace, Le Bourget.
95b L'enterrement de Beaumarchais, détail d'une gravure de Ransonnette d'après Krafft, coll. part.
96 *Entrée de la maison de Beaumarchais depuis la place la Bastille*, peinture de Bouhot, 1819, coll. part.

TÉMOIGNAGES ET DOCUMENTS

97 *Buste de Beaumarchais*, sculpture par Caffieri, Bibl. nat. de France, Paris.
98 Eugénie ou Julie de Beaumarchais, pastel anonyme, XVIIIe siècle, coll. part.
99 *Emprisonnement de Beaumarchais à Saint-Lazare*, gravure de V. Vangelisti, 1785, Bibl. nat. de France, Paris.
101 *Beaumarchais fouetté à Saint-Lazare*, gravure de V. Vangelisti, 1785, Bibl. nat. de France, Paris.
102 *La Chanson de Robin*, manuscrit de Beaumarchais, coll. part.
102b Signature de Vergennes, coll. part.
103 *Œuvres complètes de Voltaire*, édition de Kehl, coll. part.
105 *Beaumarchais*, gravure, coll. part.
107 *Coiffure au «que-sa-co» vue par derrière*, gravure anonyme, in *Première Suite des costumes français pour les coiffures depuis 1776*, Bibl. nat. de France, Paris.
108 Boîte à double fond à sujet érotique ayant appartenu à Beaumarchais, coll. part.
109 *Le Rival séducteur*, gravure de Ransonnette, vers 1780, Bibl. nat. de France, Paris.
111 *Figaro*, gravure anonyme, 1784, Bibl. de l'Arsenal, Paris.
112 Figaro dans *Le Mariage de Figaro*, photographie, Bibl. nat. de France, Paris.
113 Manuscrit du *Mariage de Figaro*, Bibl. nat. de France, Paris.
114 *Wolfgang Amadeus Mozart*, esquisse de Hieronymus Löschenkohl, 1785, musée de la Ville de Vienne.
115 Interprètes des *Noces de Figaro*, 1786.
116/117 *Beaumarchais l'insolent*, images tirées du film d'Edouard Molinaro, avec Fabrice Luchini, 1996.
118/119 Manuscrit du *Mariage de Figaro*, Bibl. nat. de France, Paris.

INDEX

CRÉDITS PHOTOGRAPHIQUES

Artothek, Peisenberg 32/33. Bernand, Paris 66/67, 67. Bibliothèque de l'Arsenal, Paris 30, 31, 40/41. Bibliothèque de la Comédie-Française, Paris 64/65. Bibliothèque nationale de France, Paris 1er plat de couv., 2e de couv., 1, 14, 21, 25b, 28/29, 30d, 32, 37b, 38, 43h, 43b, 45b, 46d, 51b, 54, 58b, 72, 73d, 74b, 75, 81, 86/87, 90/91, 92, 93b, 94, 97, 99, 101, 107, 109, 112, 113, 118/119. Arnaud Borel, Paris 116/117. J.-L. Charmet, Paris 2/3, 4/5, 6/7, 8/9, 17, 23, 35, 37, 42, 43, 48, 52, 58, 60/61, 61, 63, 65, 84/85b. Coll. part. 4e de couv. Dagli Orti, Paris 30b. D. R. 1re de couv., 11, 12, 13, 14d, 15b, 16, 16d, 18, 18d, 19b, 23, 25, 28, 39d, 40, 40/41, 44, 46, 46/47, 47, 54d, 55, 56/57, 57, 60, 71, 71d, 74, 76/77, 78/79, 80, 80b, 80/81, 81b, 83, 84/85, 91, 93, 95b, 96, 98, 102, 102b, 103, 105, 108, 115. B. Dupont, Paris 45. J.-P. Durel 53. Giraudon et Lauros-Giraudon, Vanves 19, 20, 23b, 26, 26/27, 36, 39, 59, 86, 90, 111. F. Lechevallier 33. Musée de l'Air et de l'Espace, Le Bourget 95. Musées de la Ville de Vienne 114. National Trust, Waddesdon Manor/H. Maertens 50b. Photothèque des Musées de la Ville de Paris/© Spadem 1996 56. RMN, Paris 17, 22, 29, 34, 36d, 38d, 48b, 49, 51, 55b, 68, 69, 73, 82, 88/89. Scala, Florence 62. Harlingue et Roger-Viollet, Paris 15, 24/25, 41, 50, 63b, 70, 94/95. SACD, Paris 52/53. Raymond Savignac/ © Adagp, Paris, 2004 2e plat de couv.

REMERCIEMENTS

Les Editions Gallimard tiennent à remercier les descendants de Beaumarchais… et ceux du comte de La Blache, qui ont bien voulu leur ouvrir leurs collections. Elles expriment aussi leur gratitude à lord Rothschild (Waddesdon Manor), à Odile Faliu, conservateur de la bibliothèque de la Comédie-Française, ainsi qu'à Florence Roth et Jacques Boncompain, de la SACD.

ÉDITION ET FABRICATION

DÉCOUVERTES GALLIMARD
COLLECTION CONÇUE PAR Pierre Marchand.
DIRECTION Elisabeth de Farcy. COORDINATION ÉDITORIALE Anne Lemaire.
GRAPHISME Alain Gouessant. COORDINATION ICONOGRAPHIQUE Isabelle de Latour.
SUIVI DE PRODUCTION Fabienne Brifault. SUIVI DE PARTENARIAT Madeleine Giai-Levra.
RESPONSABLE COMMUNICATION PRESSE Valérie Tolstoï. PRESSE Flora Joly.
BEAUMARCHAIS LE VOLTIGEUR DES LUMIERES
EDITION Frédéric Morvan. MAQUETTE Alain Gouessant et Jacques Le Scanff (Tém. et documents).
ICONOGRAPHIE William Fischer. LECTURE-CORRECTION Catherine Lévine et Jocelyne Marziou.

Table des matières